Lathund till Uppenbarelseboken

av Olof Amkoff

Omslagets bild är hämtad från:

ISBN 978-91-8007-669-2

Förlag: BoD – Books on Demand, Stockholm, Sverige
Tryck: BoD – Books on Demand, Norderstedt, Tyskland

(Förordet bör läsas för full förståelse av Lathunden).

Idén till denna "lathund" kom i samband med Kuwaitkriget 1991 och det därav nymornade intresset för bibliska profetior. TV och tidningar gav exempel på vanligt folks spontana intresse för Uppenbarelseboken. Med tanke på hur svårt och tidskrävande det är för bibeltroende kristna, att komma igenom hela Uppenbarelseboken, och dessutom <u>förstå</u> något av den, förstod jag att här måste en lathund till, om icke-kristna intresserade ska ha en chans att kunna få ut någonting av Uppenbarelseboken. Väl införstådd i detta behov, infann sig en glädje och längtan att ta itu med detta stora arbete. För har Herren befallt något, så ger det "glädje åt hjärtat", som Psalm 19:9 säger. Jag kände mig även mogen för detta arbete, för under de år som gått sedan jag blev en härligt pånyttfödd kristen 1980, har jag läst igenom Bibeln från pärm till pärm, om och om igen, i snitt 1,5 gånger per år. (Kallelsen som bibellärare fick jag 1984 genom Herrens tjänare Bill Stenberg.) Dessutom har alltid just Uppenbarelseboken varit mitt speciella intresse, så den har jag djupstuderat ett antal gånger, vid sidan av min dagliga bibelläsning. Under årens lopp har jag även plöjt igenom mängder av kassettundervisning om Bibelns profetior samt flera kommentarer till Uppenbarelseboken. I detta studerande har jag "*prövat allt och behållit det som är gott*" enligt 1 Tess 5:20 f. Detta radar jag naturligtvis inte upp som skryt, utan därför att du som håller denna lathund i din hand, ska veta lite mer om mig som dess författare.

Efter att de 6 första kapitlen var kommenterade, hade jag en dröm. Jag såg Sven Reichmanns bok "Judarna" och hörde en röst säga "***Om du vill komma vidare i ditt arbete, läs denna bok.***"

OBS! Det är samma bok men i två olika upplagor.

3

Det märkliga var att jag redan hade köpt den boken ett halvt år tidigare, men inte fått någon längtan att läsa den. Men helt plötsligt infann sig denna längtan, och jag fick kraft till att "*lyda den himmelska synen*", (Apostlagärningarna 26:19.) De andliga sanningar jag fann i den boken gjorde ett så oerhört starkt intryck på mig då jag läste den att jag grät mig igenom vissa kapitel av djup förkrosselse. Framför allt fick jag kärlek till Israel och judarna samt en helhjärtad tacksamhet till Gud för detta folk och dess frälsningshistoriska uppgifter, som långt ifrån är fullbordade!

Utan judarnas frälsning blir det ingen 1:a uppståndelse, som innehåller uppryckandet från Antikrists världsdiktatur, Rom 11:12, 15, Dan 12:1f + 1 Tess 4:16f. Utan judar från hela världen, återsamlade i sitt eget land, med Jerusalem som huvudstad, blir det ingen Jesu återkomst, Sak 12:10, 14:1-5. Utan en frälst kvarleva ur Israels 12 stammar, blir det inget evigt liv! För den första uppståndelsen börjar med de 144000 judarna, vilket medför 1000-årsriket och den därpå följande evigheten, Upp 7:4-8 + 14:1-4. Det är bl.a. därför Jesus säger att "*frälsningen kommer från judarna*" i Joh 4:22. (Angående påståendet att 10 av Israels 12 stammar skulle vara försvunna i folkhavet, se Matt 19:28, Jak 1:1, Apg 26:7, Hes 37:15-28!) Med ljus över judarnas nyckelroll i det som har med det förestående tidsåldersskiftet att göra, är det lätt att förstå vad Mellanösternkrigen/krisen och antisemitism handlar om! Satan vill nämligen inte bli fängslad i avgrunden i och med Jesu återkomst! "*Tjuven som bara vill slakta*" (Joh 10:10) vill inte att det ska bli någon uppståndelse från de döda! Därför inspirerade han Herodes att döda Jesus som barn, liksom han inspirerade Hitler att försöka utrota alla judar. Nu inspirerar "Tjuven" människor att hata Israel, beröva Israel dess huvudstad, utplåna nationen Israel m.m. Allt i sina desperata försök att förhindra Jesu återkomst och därmed verkställandet av Guds dom över Satan. Men lika lite som den Onde kunde döda Jesusbarnet, lika lite kan han beröva Jesus den frukt, som Gud har lovat Honom som lön för sitt utståndna lidande, i Jes 53:11f **"Av den vedermöda hans själ har utstått ska han se frukt och så bli mättad; genom sin kunskap ska han göra många rättfärdiga, han, den rättfärdige, min tjänare, i det han bär deras missgärningar. Därför ska jag tillskifta honom hans lott bland de många, och med talrika skaror ska han få utskifta byte, eftersom han utgav sitt liv i döden och blev räknad bland överträdarna, han som bar mångas synder och bad för överträdarna."**

Rent kunskapsmässigt var Reichmanns bok en nyckel till att kunna komma rätt, i mitt fortsatta arbete med lathunden, precis som Guds Ande sa i drömmen. För från och med kapitel 7 i Uppenbarelseboken, (som jag skulle ta itu med dagen efter drömmen) gäller det att särskilja juden från hedningen, respektive den messianske- (frälste) juden och den hednakristne och att förstå vilka olika uttryck och begrepp som används av Skriften för dessa två folkgrupper. Paulus anknyter hela tiden till den gammaltestamentliga benämningen av judarna som "*de heliga*" (avskilda, utkorade, det betyder inte syndfria eller superandliga!) i sina brev. Jämför Dan 7:21f, 25, 27, 8:24, 12:7 med Kol 1:12, Ef.6:18 och 2 Tess 1:10. Se även Jesu egna ord i Apg 26:17f + Upp 17:6. Därför inleder också Paulus sina församlingsbrev till den tidens församlingar, som bestod av både frälsta judar och hednakristna, med att hälsa både till "*de heliga*", (och enligt gr text) "*de i Messias Yeshua troende*", Ef 1:1, Kol 1:2. Paulus lägger ut texten kring detta förhållande i Ef 2:11-19. Läs gärna Rom 9--11 för en mer fullständig förståelse om judarnas plats i Guds hemliga rådslut och frälsningsplan. En mycket ödmjukande läsning för hednakristna om sitt förhållande till judar överlag, är Sak 8:23. Där nämns att under 1000-årsriket ska **"10 män av allehanda hednisk börd, dra en judisk man i manteln och säga: Låt oss gå med er, för vi har hört att Gud är med er!"**

Vad gäller förståelse och tolkning av Uppenbarelseboken gäller i första hand (som vid all bibeltolkning!) Psalm 119:160 **"Summan av Ditt ord är sanning"**. Endast den som har insikt om vad som står skrivet på övriga ställen i Bibeln, i ett och samma ämne eller fråga, kan pussla ihop sanningen. Det är hela tiden så jag har arbetat med tolkningen av Uppenbarelsebokens alla symboler och förebilder, som ju är hämtade från Gamla Testamentet. Där finns alltid den rätta tolkningen av en symbol. Då behöver man inte ta till utombibliska förklaringar. Vidare har jag med insikt om det mänskliga förståndets bristfälliga karaktär, (1 Kor 13:9, 2:13) inför varje arbetspass, alltid bett om den helige Andes smörjelse och ledning av mitt hjärtas alla tankar, ord och gärningar (Ords 3:5, 28:26), vilket jag med stigande förvåning sett fungera i allt mitt arbete med denna Lathund till Uppenbarelseboken. Min syn på Uppenbarelsebokens tidsdimension är att den är både rak och upprepad på samma gång. M.a.o. basunerna är en detaljerad beskrivning av sigillen. Skålarna är i sin tur en detaljerad beskrivning av basunerna. Kronologin är upprepad. Dessutom vill jag göra klart för läsaren att jag har satt in Uppenbarelseboken i vår tid, som om den gällde vår tid.

Förklaringar: Bokstaven f efter en bibelhänvisning betyder: följande vers. Gr text betyder Bibelns grundtext, som är hebreiska i Gamla Testamentet

(GT) och grekiska i Nya Testamentet (NT). Om ett bibelrum anges endast med siffror, menas oftast Uppenbarelseboken, om inte det framgår tydligt att det är samma bok eller brev som först angavs i uppräkningen av bibelställen. Litet a efter en bibelvers betyder första delen, litet b efter en vers betyder andra delen av versen. Den Bibel jag använt och därmed hänvisar till är 1917-års översättning och Svenska Folkbibeln. Sist men inte minst vill jag tacka: Sven Reichmann för goda råd och uppmuntrande kritik av manuskriptet och Per Hedén för korrekturläsning samt intressanta påpekanden och vissa tillägg. Denna lathund har legat ute på mina hemsidor länge, **www.olofamkoff.se** och **www.123minsida.se/olofamkoff** men här kommer nu den tredje och uppdaterade versionen, som bok.

KAPITEL 1

1:1 **uppenbarelse från Jesus** = Gud visade Jesus ...
vad som snart ska ske, som i sin tur visade det för Johannes.
sina tjänare = judarna, Israel, 5 Mos 32:43, 3 Mos 25:42, Luk 1:54. Ett annat bevis för att det först och främst är judar som Upp. vänder sig till, är dess 285 stycken GT:liga citat, symboler och hänsyftningar. Att jämföra med Matteusevangeliets 92 st och Hebréerbrevets 102 st. Även dess grekiska har en tydlig anknytning till det hebreiska språkets framställningsformer, enligt Ebbe Arvidssons bok: "De 7 breven", SKDB.

1:3 **Salig är den som får uppläsa denna profetias ord, och salig är de som får höra dem och tar vara på vad däri är skrivet** = Redan här försäkrar Gud oss att det är saligt, (underbart, lyckobringande) att läsa och studera hela denna sammanhängande apokalyps, uppenbarelse.

1:4 **De 7 församlingarna** = den kristna församlingens 2000-åriga tidsålder, 2:1--3:22. Dessa 7 församlingar var inte de enda i området. Vid samma tid fanns det församlingar även i Kolosse, Troas, Hierapolis, Magnesia och Tralles. Att Skriften valde att ta upp endast dessa 7 tyder på att talet ska tolkas andligt. 7 står för fullbordan, helhet, Guds tillfälliga perfektion. I detta sammanhang menas alltså hela kristenheten, såväl geografiskt som tidsåldermässigt.
7 andar inför Guds tron = Guds Andes fullhet, se Jesaja 11:2. Även regnbågen runt Guds tron i 4:3, talar om Herrens härlighets fullhet, en färg för varje karaktär, 5:12.

7

1:5 **härskaren över konungarna på jorden** = Guds allsmäktighet, Ordspråksboken 21:1, Daniel 2:21, Lukas 1:52.
1:10 **Herrens dag** = Joel 1:15, Amos 5:18-20, Apg. 2:20, 1 Tess 5:2, 2 Tess 2:2, 2 Petr 2:10, ej söndag! Kan även översättas "Jag kom genom andehänryckning in i Herrens dag". Söndag benämns konsekvent *"första veckodagen"*, se t. ex. Matt 28:1, Mark 16:2, 9, Luk 24:1, Joh 20:1, 19, Apg. 20:7 och 1 Kor 16:2.

1:12 **7 gyllene ljusstakar** = de 7 församlingar som Kyrkans tidsålder indelas i, 1:20.

1:13 **människoson** = Jesus Kristus, Daniel 7:13, Matt 26:64.
fotsid klädnad = Israels överstepräster och domare var förordnad av Gud att som ämbetsdräkt bära en fotsid klädnad. Det talar om att Jesus är både vår överstepräst som bär fram våra böner och offer inför Gud (se Hebréerbrevet kapitel 8-10) samt att han även är hela jordens domare enligt Apg. 17:31.
gyllene bälte = Guds rättfärdighet och trofasthet, Jes 11:5, men även en antik symbol för kungavärdighet. Jesus bär beviset på att han är kungars Kung.

1:14 **hår som vit ull, som snö** = Daniel 7:9 beskriver *"Den gamle av dagar"* på samma sätt. Alltså är Jesus till av evighet.
hans ögon var såsom eldslågor = Jesu heliga blick genomskådar allting, både synd, mörker och religiöst hyckleri.

1:15 = Hesekiel 1:26-28

1:16 **i sin högra hand** = Johannes 10:28f.
stjärnor = änglar enligt 1:20 men grundtexten betyder också budbärare, sändebud, d.v.s. apostel enligt 1 Kor 12:28.
skarpt tveeggat svärd = Guds Ord (både i form av Jesus Kristus och Bibelordet), Hebr 4:12, Ef 6:17.
hans ansikte var såsom solen när den skiner i sin fulla kraft = liknande beskrivning finns i Daniel 7:10 *"En ström av eld flödade och gick ut från honom."* Jesus *"är världens ljus"* Joh 8:12 men även kärlekens fulla värme och livgivande ljus finns i hans väsen. Enligt 1 Joh 1:5 *"är Gud ljus, inget mörker finns i honom."*

1:18 **nycklarna till döden och dödsriket** = Jesu seger över döden på påskdagens morgon gav honom auktoriteten över döden och dödsriket, enligt

8

2 Tim 1:10, Hebr 2:14, Joh 11:25f. Detta gör den troende trygg och orädd inför döden, till skillnad från dem som *"av fruktan för döden hela sitt liv igenom är hemfallen till träldom"* enligt Hebr 2:15.

1:19 = <u>Kronologisk nyckel till hela Uppenbarelseboken:</u>
vad du har sett = 1:1-20,
vad som nu är = 2:1-3:22 (Församlingens/Kyrkans, nådens tidsålder),
vad härefter ska ske = Herrens dag, Daniels 70:e årsvecka (7 år) i Dan 9:27
= Uppenbarelsesbokens kapitel 4--20.

KAPITEL 2

2:1 **Efesus** = namnet betyder "slappna av, låt gå, vilande". Den första efterapostoliska kyrkan, år 65-100. Efter att först ha haft ledare och pastorer som Akvila och Priscilla, Paulus, Apollos, Timoteus och Johannes, förströstade man på sitt rika arv av renlärighet och stolta tradition, även efter det att dessa troshjältar var borta. In kom då genast en ande av högmod och lättja i församlingen, vilket står under Guds dom. **går omkring bland de 7 ljusstakarna** = Överherden Jesus lever i evighetens tidlösa dimension. Han kan vandra mellan förfluten tid, nutid och framtid, hur som helst.

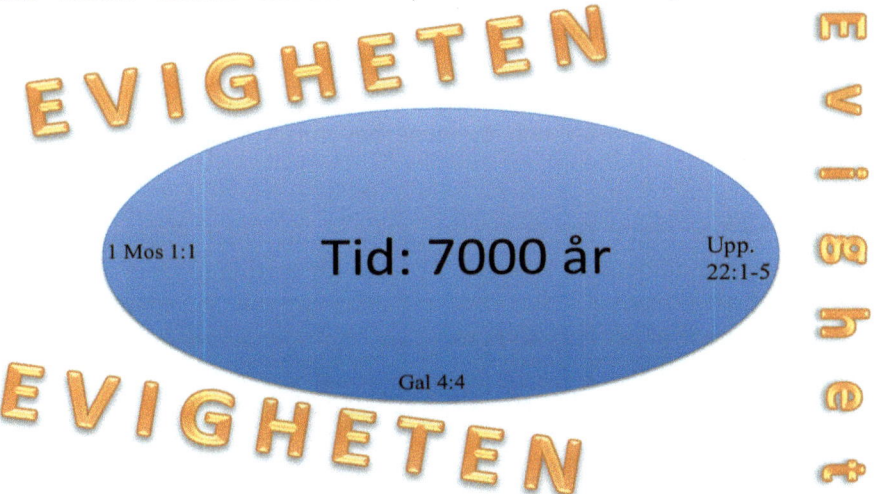

2:2 **apostlar** = många självutnämnda apostlar dök upp efter att alla Jesu 12 apostlar (utom Johannes) dött. "Efesus" satte läran och renlärigheten främst, före...

2:4 den första kärleken = brudekärleken till Jesus som hans trolovade tar sig uttryck i lydnad för alla hans bud, enligt Joh 14:15, framför allt hans "nya bud" i Joh 13:34f, Filemon v.5 + 1 Joh 4:20-5:3.

Vi kan bättre förstå vad Jesus menar med den första kärleken genom att tänka på hur det är då man är förälskad! Alla ens tankar cirkulerar kring den personen, inget offer är för stort för att få umgås med den personen, och man längtar starkt att få mötas igen! Även en annan ingrediens i den första förälskelsen är viktig att betänka, inte överförbar på Jesus, lik de tidigare nämnda ingredienserna, men dock på hans lärjungar; nämligen att alla fel och brister hos den personen ser man inte eller kan lätt ha fördrag med! Därav förstår vi att allt partisinne, d.v.s. samfundsväsende och sekterism, är resultatet av en förlorad första kärlek.

2:5 Avfällighet från den första kärleken botas med bekännelse + nya gärningar som bevis på bättringen. Ef 3:16-19.

2:6 nikolaiter = ordsammansättning med dold betydelse: de som besegrar folket. Nike = segergudinnan + laos = folk, blir Nikolaos. (Nikolaus i Apg 6:5?).

gärningar = En begynnande prästkast ville göra sig gällande genom att "segra" över det allmänna prästadömet i 1 Pet 2:9. De ville likt GT:s präster vara medlare mellan Gud och folket, trots 1 Tim 2:5. Tydligt än idag hos t.ex. ortodoxa kyrkors ikonostas-gudstjänst. Nikolaiterna predikade även att anden i människan inte påverkas av hur man lever med kroppen. Därför levde man i köttets lustar och ögonens begärelser vilket lockade många hycklare.

2:7 vad Anden säger till församlingarna = att ordet församling står i pluralis tyder på att det som är sagt till Efesus församling (liksom även till de övriga 6 församlingarna i och med att detta uttryck återkommer i varje sändebrev), också gäller hela Kyrkan.

vinna seger = 1 Joh 5:4-5.

livets träd = evigt Paradisliv, Hes 47:7-12, Upp 22:2ff.

2:8 Smyrna = namnet betyder "krossad myrra", en bittert smakande men väldoftande harts av myrrabusken. Betecknar martyrkyrkan från 100-313. Varje stelnad väckelse (Efesus) följs av ett visst mått av förföljelse/dom (Smyrna) för att luttra de ljumma och avslöja de som endast har en läpparnas bekännelse av kärlek till Jesus.

10

2:9 **judar...Satans synagoga** = Rom 2:28f.

2:10 **10 dagar** = de 10 förföljelsevågor som 10 av romarrikets kejsare släppte lös mot martyrkyrkan. 1 dag = 1 år i profetiska sammanhang enligt Hes 4:6.
livets krona = rättfärdighetens segerkrans, 2 Tim 4:8, Jak 1:12.

2:11 **vinna seger** = 12:11.
den andra döden = fysisk död är den första döden, andlig död (att vara skild från Guds nåd) = den andra döden.

2:12 **Pergamon** = namnet betyder "Förenad i äktenskap" och betecknar kejsar/påvekyrkan 313-606 e. Kr. Kristendomen blev statsreligion och alla andra religioner förbjöds. Kejsar Konstatin den store var ordförande på de första kyrkomötena och hade utslagsrösten om vad som var den kristna läran. Själv levde han vidare med den romerska mytologins alla gudar och lät den av honom nyligen tillåtna kristna martyrkyrkans alla martyrer bli helgon, som succesivt fick ta över mytologigudarnas roller och funktioner. Inte förrän på sin dödsbädd lät han döpa sig. P.g.a. denna förening av "denna världen" och Guds rike, tilltalar Jesus denna kyrka med: **han som har det skarpa tveeggade svärdet**, ty endast det kan åtskilja "själ och ande, märg och ben" enligt Hebréerbrevet 4:12.

2:13 **Satans tron** = Pergamon var centrum för kejsardyrkan i provinsen Asien samt även dyrkan av Zeus Sotér (Zeus Frälsaren) och Askleipos (läkekonstens gud med symbolen en vit orm ringlande uppför en stav. Jämför dagens läkaremblem!) Eskatologiskt uttolkat blir platsen för Satans tron Berlin där Pergamons zeusaltare finns idag. Historiskt var Pergamon platsen för det enorma Zeus-altaret som dominerade staden från dess akropol. En tysk arkeolog grävde fram altaret 1871 och fick det flyttat till Berlin 1889, samma år Hitler föddes! Hitlers chefsarkitekt Albert Speer, ritade Nazistpartiets kultplats i Nürnberg, som en kopia av Pergamons Zeusaltare! För mer information, gå till denna länk där den messianske rabbinen Jonathan Cahn förklarar det hela: www.youtube.com/watch?v=9icUvrTkFiQ&ab_channel=ConnieOelbaum

2:14 **Balaam** = Bileam i 4 Mos 31:16, + kap 25.
Balaams lära = tolkad i andliga, NT:liga termer är:
avgudaoffer = religionsblandning,
otukt = skökoväsende, att älska "världen", delat hjärta. Se vidare 2 Petr.

11

2:15-22 och Judas brev vers 11.

2:15 **nikolaiternas lära** = se 2:6 vilka nikolaiterna är. Deras *"gärningar"* i *"Efesus"*, har i *"Pergamon"* hunnit utvecklas till en *"lära"*. D.v.s. istället för apostlar, profeter, lärare, evangelister och herdar (1 Kor 12:28, Ef 4:11) som utgår från, och betjänar det allmänna prästadömet, har hierarkin för Pergamonkyrkan blivit: Roms biskop, kardinaler, biskopar, präster och diakoner. Nikolaiternas lära bestod också i att man kunde leva hur man ville sexuellt, bara det skedde i "kärlek"! Känns resonemanget igen? Vår tids präster, pastorer och biskopar som är uttalat för homosexuellt leverne, kommer att få möta samme Jesus som i nästa vers lovar att...

2:16 **strida mot dem med min muns svärd** = Herren kommer att uttala sin doms ord över dagens "nikolaiter". Domens konsekvenser blir för somliga AIDS, för somliga HIV, för somliga andlig död, men för somliga omvändelse, bättring och frälsning!

2:17 **fördolda mannat** = Psalm 78:24f, Joh 6:31-35, 48-51.
vit sten = segraren i en grekisk tävling fick sitt namn ingraverat på en vit sten eller tavla. Bibeln talar om "övervinnare" och
den som vinner seger, de vinner frikännande inför Kristi domstol.

2:18 **Tyatira** = namnet betyder "Evigt offrande", betecknar påvekyrkan med dess ständigt upprepande av att "offra Jesu blod och kropp" till Gud i varje mässa! Jämför Hebr 9:25--10:18.
Guds Son = på grund av mariadyrkan i denna kyrka väljer Jesus att tala till den som just Guds Son.
ögon som eldslågor = hans blick genomskådar allt mörker, t.o.m. "Satans djupheter" i 2:24, hos Tyatira.
fötter som glänsande malm = allt motstånd, alla fiender i denna kyrka ska smälta och bli till en fotapall, Dan 10:6, 1 Kor 15:24-27.

2:19 **gärningar** = modernt uttryckt: det sociala evangeliet.
2:20 **Isebel** = en lära enligt 2:24.
uppträder som lärare = trots GT:s och NT:s (1 Tim 2:12) klara undervisning om mannens resp. kvinnans plats i skapelseordning och församling, upphäver sig denna lära (feministteologi) till att gälla som profetiskt tal = **profetissa**.
otukt = Jak 4:4f,
avgudaoffer = synkretism, religionsblandning, 1 Kor 10:19-21.

2:21 **tid till bättring** = från och med brevet till Tyatira, skiljer sig tågordningen på löftet till varje kyrka, resp. "Den som har öra..." Den första efterapostoliska kyrkan, martyrkyrkan och kejsar/påvekyrkan finns inte kvar idag. Därför står löftena efter "Den som har öra..." i sändebreven till dessa kyrkor, medan de ännu existerande kyrkornas sändebrev har löftena före "Den som har öra..." Tyatira betecknar i första hand den katolska kyrkan från 590-1517 (reformationens år), men också denna kyrka efter reformationen. Jesus ger alltså mystiken, den falska andligheten nådatid ända till Upp 18:4!

2:22 **äktenskapsbrott** = religiöst avfall, se "otukt" i 2:20.

2:23 **njurar och hjärtan** = själ och ande.

2:24 **ni andra som inte har denna lära** = först och främst de blivande reformatörerna, men även alla genuint frälsta katoliker genom århundradena. (Luther var ju nominellt sett "katolik" innan reformationen!)
djupheter = mystiken enligt dess egna förespråkare, men tvärtom "Satans djupheter", enligt Jesus. Förebilder på denna lära och Isebels ande finns i 1 Kon 16:31 (religionsblandning), 1 Kon 18:4 (profethat och väckelsefientlighet), 1 Kon 19:1f (blodtörst), 1 Kon 21:1-25 (habegär, laglöshet, hjärtlöshet, kvinnostyre, lögn, skenhelighet samt samvetslöshet), 2 Kon 9:22 (hedendom och ockultism). Jämför dagens häxeri, radikalfeminism, feministteologi m.m.
Satans djupheter = att i teologiska, andliga och religiösa termer indirekt förneka och därmed häda Jesu blod och evangelium. T.ex. läran om skärselden, som indirekt förnekar Jesu renande blod enligt 1 Joh 1:7-9. För påvekyrkan lär att varje troende har i snitt 132 år att tillbringa i skärselden så att alla synder blir avtvådda ordentligt! (Skulle inte rövaren på korset få vara med Jesus i Paradiset samma dag de dog?)

2:26 **gör mina gärningar** = Jesu lärjungaskap innebär ett liv i kärlek, men även Andens övernaturliga manifestationer genom oss i form av tecken, under och kraftgärningar, till skillnad från Isebels "gärningar" i 2:22.
makt över hedningarna = 1000-årsrikets styresmän- och kvinnor, 20:6.

2:27 **styra med järnspira** = uttryckssätt för absolut, oinskränkt makt under 1000-årsriket i och med att Satan då är fängslad i avgrunden. Givetvis behöver vi inte krossa lerkärl förrän vid "den lilla tiden" i 20:3 + 7-10, då Satan släpps lös och lyckas förvilla de folk som fötts efter Jesu återkomst.

13

De måste också få ta ställning till en Frestare, så att deras hjärtegrund uppenbaras.

2:28 morgonstjärnan = Jesus själv, 22:16, d.v.s. delaktighet i Jesu återkomst med dess innerliga gemenskap med Honom själv, ljus, frid, skingrat mörker och ångest, minnenas helande, avtorkade tårar, salig gjädje, spännande arbetsuppgifter under 1000-års riket samt det eviga livets outtömliga rikedomar vad gäller att lära känna "den ende sanne Guden och den han har sänt, Jesus Kristus", enligt Joh 17:3.

Brevet till Tyatiras församling utgör beviset för vilken tolkningsmodell av de 7 sändebreven som är hållbar rent historiskt. Vid kyrkomötet i Laodicea år 363, skulle NT:s kanon fastställas. De 35 biskoparna beslöt att inte ta med Uppenbarelseboken därför att man mycket väl visste att det inte fanns, och aldrig hade funnits en församling i Tyatira. Man trodde att boken var ett falsarium eller innehöll ett sakfel. Detta förhållande klargör att den kyrkohistoriska, eller s.k. eskatologiska tolkningen, är den rätta, inte den tidshistoriska.

KAPITEL 3

3:1 Sardes = namnet betyder "kvarleva, de som undkommer flyr". M.a.o. de som lämnade vad som sedan blev romerska katolska kyrkan.
du har det namnet om dig att du lever, men du är död = vid denna tid var den "allmänna" (katolsk på latin) kyrkan andligt död, fastän hon tedde sig mycket levande med alla maktfullkomliga påvar, kardinaler, biskopar och präster som hade kungar och kejsare till undersåtar! Men då Guds syndaförlåtelse, evangeliets kärna, gick att köpa för pengar (avlatsbreven, vilka kom till för att finansiera bygget av Peterskyrkan i Rom!) var dödsryckningarna ett faktum. Sardes betecknar övergångsperioden för Kyrkan från reformationens år 1517 och dess utlöpare i lutherska, reformerta och anglikanska kyrkor.

3:3 Tänk på hur du fick ordet = vid denna tid hade påvekyrkan sedan 250 år haft Bibeln uppsatt på "Lista över förbjuden litteratur"! Det var strängt förbjudet för en kyrkomedlem att på egen hand läsa Bibeln och göra sig en egen tolkning. Innehav av en Bibel var straffbart, om man inte var präst! Detta förbud var i kraft ända till 1965!
tag vara därpå = samtliga reformatörer i Sardes tog vara på Ordet såtillvida att de översatte Bibeln till gemene mans språk och Ordet började säljas i

14

tryckt form. Kyrkans tradition ansågs inte längre vara likvärdig med Ordet i auktoritet. Latin avskaffades som gudstjänstspråk, och man **gör bättring**.

3:4 några få som inte fläckat sina kläder = reformatörerna och deras sympatisörer.
vita kläder = de heligas rättfärdighet enligt 19:8, Pred 9:8. Kännetecknande för denna period i Kyrkans historia var just frågan om rättfärdiggörelse. Vatikanen förbannade alla som lärde att man blir rättfärdig av nåd genom tro, Trentkonciliet 1545-63.

3:5 livets bok = evigt liv, 2 Mos 32:32, Ps 69:29, Dan 7:10, 12:1, Luk 10:20, Upp 20:12 + 1 Kor 5:10.

3:7 Filadelfia = ordsammansättning: Filos = kärlek + adelfos = broder, blir Brödrakärlek. Betecknar väckelserörelserna och missionen sedan 1750 och framåt till Jesu återkomst.
Davids nyckel = Konungslig makt över himmel och jord, Jes 22:22, Matt 18:18.

3:8 öppen dörr = förberedda gärningar på missionsfält och i det personliga vittnandet.
ingen kan tillsluta = historiens allsmäktige Gud har bestämt att Jesu brud ska få representanter från alla "stammar, språk, folk och folkslag", därför står missionens dörr alltid öppen. Dessutom vill Gud "att alla människor ska bli frälsta" enligt 1 Tim 2:4.
din kraft är liten = väckelsekyrkor har alltid varit små och obemedlade i jämförelse med påvekyrkan och statskyrkor.
tagit vara på mitt ord = Bibelordet är fundamentet (grunden) för en Filadelfiakyrka. Jesus är Guds ord enligt Joh 1:1 och Upp 19:13, därför anser man i Filadelfia att Ordet har högsta auktoritet, är felfritt och inspirerat av Jesu Ande.
inte förnekat mitt namn = i en Filadelfiakyrka förnekar man inte Jesu namn genom att t.ex be till något "skyddshelgon" eller "Guds Moder". (Ang "Guds Moder", se Mark 3:32-35!)

3:9 Satans synagoga = falska religioner och dess kyrkor.
säger sig vara judar men inte är det = namnkristna, religiösa men inte pånyttfödda. De har läran men inte Livet. Rom 2:28f, 5 Mos 10:16, 30:6, Jer 4:4, Fil 3:2f, Kol 2:11f.

falla ned för dina fötter = de som konverterar från allsköns religiositet, ljum kristendom, avfällig katolicism och nyandlighet, till den sanna evangelikala kyrkan. Detta sker i allt snabbare takt på missionsfält och i Tredje världen.

3:10 **frälsa dig ut ur** = uppryckandet i Upp 11:12, Matt 24:22, 40f, 1 Tess 4:17, Jes 26:20f.
prövningens stund = Lammets vrede i 6:12f, kap 8, 9 och 16.
hela världen för att sätta jordens inbyggare på prov = Luk 21:35. *"Jordens inbyggare"* betyder alla hednaländers folk.

3:11 **Jag kommer snart** = Jesu erkännande av denna kyrkas starka längtan efter hans återkomst.
håll fast det du har = den öppna dörren, liten egen kraft, Ordet och Namnet enligt 3:8.

3:12 **den som vinner seger ska jag göra till en pelare i min Guds tempel** = alla Filadelfia-kristna och Filadelfia-församlingar i ordets rätta bemärkelse, kommer att få leva för evigt i Guds absoluta närhet. Liksom pelarna håller uppe ett hus överbyggnad och tak, och är väl synliga, så kommer också dessa kristna att hållas fram och få demonstrera sin andliga kraft och visa sin funktion i det som Gud gör.
namnet på min Guds stad = Jes 62:4, 12, Gal 4:26.

3:14 **Laodicea** = Ordsammansättning: laos = folk + Dice = rättvisans gudinna, d.v.s. "Folket dömmer/avgör". Majoritetsbeslutskyrkan. Människotankar (Matt 16:23) istället för uppenbarelsekunskap (Matt 16:17) avgör vad som är rätt och fel, sant och falskt evangelium i denna kyrka. Jämför 4 Mos 16:3! Därför uppenbarar sig Jesus för denna kyrka som just **det trovärdiga och sanna vittnet**, därför att man inte längre håller Jesus och Guds Ord för att i allt vara sant och trovärdigt. Laodicea betecknar den avfallna (2 Tess 2:3) moderna liberalteologiska/feministteologiska kyrkan, från c:a 1950 och framåt. Denna kyrka tror inte längre att Jesus är **begynnelsen till Guds skapelse**, utan man tror på evolutionsteorin. Laodiceas teologer förnekar jungfrufödelsen, uppståndelsen, himmelsfärden m.m. Se intervju med Harald Riesenfeld i Kyrkans Tidning Nr 12-13/91 och Trons Värld 7/91, samt Jonas Gardells böcker!
3:15 **varken kall eller varm** = 2 Sam 15:23f, Rom 12:11.

3:16 **ljum** = ett tillstånd där det mesta accepteras av s.k. "kärlek", "tolerans", o.s.v. T.ex. homosexualitet och andra förbjudna leder som 3 Mos 18 radar upp. Endast i sådana perversa (betyder förvända) sammanhang använder Skriften ordet: **utspy**, som konsekvens för utövarna och dess försvarare. Se 3 Mos 18:25, 28. På grund av Skriftens samma ordval i denna vers, ser vi att det stämmer in på de stora namnkristna kyrkorna och dess moraliska tolerans intill saltlöshet, Matt 5:13!

3:17 **Jag är rik .. behöver ingenting** = Hos 12:8 + Luk 18:8. All teologisk kunskap, materiell och ekonomisk rikedom till trots, är hon en ljum kyrka **eländig, ömkansvärd, fattig, blind och naken**. För "störst av allt är kärleken", vilken en ljum kyrka saknar och därför markant skiljer sig från Filadelfias kärlek till de "förlorade, vilsegångna fåren utan herde", som tar sig uttryck i evangelisation, mission och barmhärtighetshjälp.

3:18 **köp av mig** = det är gratis (gratia = nåd) att bli frälst, men sen kostar varje steg av ökad tro, vishet, helgelse och kraft m.m. något.
guld luttrat i eld = fullkomnad tro, 1 Petr 1:7 + Jak 2:22.
vita kläder = Jesu rättfärdighet tillräknas den troende, ej någon egen rättfärdighet, 19:8. Se även Jer 23:6!
Ögonsalva ... smörja dina ögon med = andlig smörjelse till upplysning, 1 Joh 2:27, Ef 1:17f. Priset för salvan erläggs i *"trons lydnad"* enligt Apg 5:32, Rom 1:5, Luk 11:13 + Joh 7:17.

3:19 **tuktar jag** = Ps 119:67, 71, 75 + Hebr 12:5-11.
gör bättring med all flit = Jesu återkomst och dom är för Laodiceas medlemmar direkt förestående, därav formuleringen *"med all flit"*.

3:20 **jag står för dörren och klappar** = Jesus är utsorterad i Laodicea, han är av sekunda intresse i denna kyrka. Fred, "palestina", HBTQ, klimat- och miljöfrågor är det "evangelium" som predikas där, därför står han utanför denna kyrkas dörr och klappar och ber att få komma in. Han är nämligen på ingående för denna kyrka och vill frälsa dess oförståndiga jungfrur. I Matt 24:33 använder Jesus samma uttryck *"står för dörren"* om sin återkomst. Alltså beskriver "Laodicea" den sista tidens (ljumma) kristna, inte den första tidens!
måltid = Lammets bröllopsmåltid i 19:9.
3:21 **Den som vinner seger** = 12:11
sitta med mig på min tron = Matt 19:28, Upp 20:4,6.

KAPITEL 4

4:1 Kyrkans tidsålder är färdigbehandlad, Rom 11:25, 32 + Apg 15:14-16. Johannes får nu se... **vad som ska ske härefter** = Israels 70:e årsvecka i Dan 9:26-27, då Guds handlande återigen koncentreras på judarna och Israel. Kyrkan lever vidare parallellt med "de heliga" (de avskilda, 1 Kon 8:53, de utvalda, Ps 105:6, 2 Tim 2:10) d.v.s. judarna, en tid in i denna 7 åriga årsvecka. *"Hedningarnas tider"* (Rom 11:25, Luk 21:24) är genomgången. Härefter utläggs *"uppbyggandet av Davids förfallna hydda"*, Apostlagärningarna 15:14-17. Så fort FN eller EU, sluter ett 7 årigt freds-och säkerhetsfördrag med Israel + flera andra länder, enligt Dan 9:27, vet vi att det återstår 7 år innan Jesus kommer tillbaka. Den som förhandlar fram detta globala avtal bör vara Antikrist. Är han dessutom arab är det än mer troligt, ty såsom Ismael förföljde Isak, Gal 4:22-30, så ska köttets religion förfölja löftets religion. Se "Det fanns två träd i Lustgården" av Rick Joyner, sid 54-55, Kornets Förlag. GT:s största förebild på Antikrist, kung Antiokus Epifanes IV Théus, var syrier. Hans titel betyder "Gud uppenbarad"!

Å andra sidan säger Daniel 9:27 att det är ledaren för det folk som förstörde Jerusalem och dess Tempel, (efter det att *"den Smorde förgjorts"* i versen före) d.v.s. Romarriket och dess militäre ledare Titus som sedan blev kjesare, att det är det folkets ledare som kommer att vara den som först tillåter judarna att återuppta slaktoffer och matoffer (vilket förutsätter ett nytt Tempel) för att sedan avskaffa desamma efter 3,5 år.

4:3 **jaspissten** = genomskinlig kristall, Guds slaggfria helighet. Det finns även blå jaspis vars färg talar om himmelen, Guds boning och tron, enligt Jes 66:1. **karneol** = blodröd ädelsten, Guds försonande kärlek. Jämför Höga Visan 5:10. Denne "någon" i 4:2 som satt på tronen, är Jesus Kristus, som sann Gud (jaspis) och sann människa (karneol). **runt omkring tronen gick en regnbåge...såsom smaragd** = grönstrålande ädelsten, talar om Guds förbundsstyrkta nåd och trofasthet gentemot skapelsen, jämför 1 Mos 9:12-17.

4:4 **24 äldste** = 12 huvudmän för GT:s prästerskap, en från varje stam, alternativt Israels 12 stamfäder, + Jesu 12 apostlar, 21:12, 14, Jer 19:1.

4:5 **blixtar, dån och åska** = Guds härskarmakt/domsmakt över skapelsen.

18

4:6 glashav = människohavets uppror når inte in i tronsalen, Guds fasta rådslut och herravälde, Jes 57:20, Upp 13:1. Enligt Jesaja 57:20 är "de ogudaktiga som ett upprört hav". Jafets avkomma kallas "hedningarnas havsländer" i 1 Mos 10:5 + Hes 39:6 och Jesaja 60:9. Glashavet i himmelen symboliserar alltså hednavärldens kristna som har "trons lydnad" upprättad i sig. Glas är ju ett stilla, vilande material, Hebr 4:9f.
likt kristall = endast Guds perfekta vilja sker i himlen (slaggfri) till skillnad från hans tillåtande vilja som sker på jorden, Matt 6:10. M.a.o. "trons lydnad" enligt Rom 1:5 är då till fullo upprättad och rådande hos alla Guds barn.
fyra väsenden = serafer enligt Jes 6:2, Hes 1 + 10.
fullsatta med ögon = osviklig vaksamhet.

4:7 lejon, tjur, människoansikte, örn = Matteus evangelium beskriver Jesus som Kung (lejon), "Lejonet av Juda stam" är "konungarnas Konung". Markus evangelium beskriver Jesus som tjänare, (tjur), Fil 2:7. Lukas beskriver Jesus som människa (människoansiktet). Johannes beskriver Jesus som Guds Son (örn), 2 Mos 19:4.

4:8 vingar = beredvillighet att snabbt utföra Guds vilja, Ps 18:11, Jesaja 6:1f = gudsfruktan.

4:10 24 äldste = alla sifferuppgifter i Bibeln har även en andlig betydelse. 24 står för himmelrikets styre och tillbedjan i perfektion. Det har att göra med de 24 dagsavdelningarna för prästerna, lovsångarna i 1 Krön 24:10,19.
lägger ned sina kransar = ödmjukhetens förkrosselse kännetecknar de 24, trots sin oerhört upphöjda position.

KAPITEL 5

5:1 bokrulle = Ps 40:8. Hebr 10:5-10

5:2 Vem är värdig att öppna bokrullen? = Fyra villkor ställda av Gud måste en världsfrälsare kunna uppfylla för att bli godkänd. 1) Vara nära anförvant, släkt med människan. 2) Inte vara en avkomma till Adam och Eva, d.v.s. ej ha arvssynd. 3) Vara kapabel att återköpa världen med en valuta som är gångbar i himmelen. 4) Vara beredd att betala detta pris. Ingen ängel kunde komma ifråga, för de är inte människor med ett syndigt kött som vi. Alla människor har till 100% genetiska band till Adam och Eva, därför även andliga band, vilket gör oss till syndare av naturen. Vi föds men en "egoist-gen". Endast Jesus Kristus född av kvinna, men avlad av den helige Ande, kunde lösa detta omöjliga problem för oss. Jesu arv från Eva gav honom det syndiga "köttet" enligt Rom 8:3. Men den helige Andes "faderskap" gav Jesus den andliga kraften att leva ett syndfritt liv fastän han var *"frestad i allting, liksom vi, dock utan synd"*, enligt Hebr 4:15. Jesu lydnad intill döden på en avrättningsplats, gav honom värdigheten att **bryta dess sigill** = vara Herre över Guds domsluts verkställande. Angående lydnadens välsignelse, se Hebr 5:8f, Fil 2:5-9, Joh 7:17, 1 Sam 15:22f.

5:5 Lejonet av Juda stam = Jesus, 1 Mos 49:8-12.
telningen från David rot = Jesus, Jer 23:5, Jes 11:1, 10, Rom 1:3.
har vunnit seger = trons lydnad gav Jesus seger över synden, döden och djävulen, han "som hade döden i sitt våld" Hebr 2:14.

5:6 slaktat lamm = Jesus, död och uppstånden, Guds påskalamm, Joh 1:29, 2 Mos 12, Jes 53:1-12.
sju = Guds helighet, fullhet.
horn = kungamakt, Dan 8:21, Luk 1:69.
sju ögon = allvetande, allseende, Sak 3:9, 4:10.

5:7 Lammet tog bokrullen = Jesus fick auktoriteten av **honom som satt på tronen** att bestämma över de 7 sigillens bok och dess uppfyllelse i form av domsakter.

5:8 harpa = lovsång, förborgad kunskap, Andens uppfyllelse och inspiration, Ps 49:5, 2 Kon 3:15 + Upp 14:2.
rökelse = de på jorden heligas ännu obesvarade böner, Ps 141:2.

5:9 en ny sång = till kvaliteten helt annorlunda, "född från ovan".

5:11 10.000 x 10.000 x1000 x 1000 = 100 biljoner änglar finns till vårt förfogande! Dan 7:10, Hebr 12:22.

5:12 = sju attribut som endast tillkommer Jesus Kristus. Jämför regnbågens 7 färger och de 7 andarna runt Guds tron i 4:3 och 4:4.

5:13 = Fil 2:9-11

KAPITEL 6

6:1 **Lammet bröt sigillet** = Jesus är Historiens Gud. Bara det sker på jorden som Han har gett tillåtelse till. Även det onda hålls inom de gränser som Lammet satt vad gäller människans fria vilja med ansvar för konsekvenserna. Även syndamåttets storlek har Han bestämt (1 Mos 15:16) innan dom utlöses. Jesus "tillintetgör djävulens gärningar" (1 Joh 3:8) som Han tillåtit, jämför Job 1:12, 2:6, 42:10-17. Tydligast förklaras detta i Joh 9:1-3. Ondskan synes alltid <u>mitt i</u> lidandet, vara tecken på Guds frånvaro, maktlöshet, likgiltighet, ondska eller t.o.m. död. Endast förtröstan på Guds godhet, allsmäktighet och nåd leder fram till svaret på frågan varför lidandet kom. Förr eller senare kommer svaret och ger lidandet mening. Job 36:15-19 + Hebr 5:8. Angående Gud som historiens Gud, se Jes 37:26, Apg 17:26 + Dan 2:21.

6:2 **häst** = krig, död, Job 39:22-28, Jes 31:1, Sak 12:4.
vit = i vanliga fall står vit för rättfärdighet och frid/fred, men med denna första av 4 domsakter är det annorlunda. Ryttaren kan inte vara Jesus, för det är Lammet som bryter sigillet, ger tillåtelse, för ryttaren på vit häst. Jesu vapen är dessutom sin muns skarpa tveeggade svärd enligt 19:15, inte en pilbåge som fallet är med denne ryttare. Symbolen ryttare på vit häst är hämtad från romarriket. Kejsarna red nämligen in i Rom i triumftåg med sitt krigsbyte och krigsfångar, på en vit häst. Denne ryttare är alltså det återuppståndna romarrikets (EU) siste "kejsare", (Antikrist).
båge = denne falske fredsfurste har till sitt förfogande de militära medel som behövs för att upprätta en kortvarig världsfred. Jämför FN:s krav på att få en stående armé till sitt förfogande för att klara av alla dess åtaganden, embryot till den kommande världsregeringens armé. Men utan pil till bågen är ryttaren avväpnad, andligt sett, Luk 10:19, 11:21f, Kol 2:15, för det nämns ingenting om att han har en pil till bågen.
en segerkrans = *"stephanos"* i gr text, till skillnad från *"diadema"* om Jesu *"många kronor"* i 19:12. Versen talar om en kröning av en falsk Fredsfurste. Han kommer att få den politiska makt han behöver och begär för att tvinga fram världsfred med våld! En kommande nedrustningskapplöpning leder fram till en fredsyra jorden runt och fåfänga förhoppningar om en Ny Tidsålder av fred och säkerhet, som blir den folkrörelsevåg Antikrist, den falske fredsfursten bärs fram på under 3,5 år. Jämför 1 Tess 5:3!
blev honom given = 13:7, Matt 24:5. Council of Foreign Relations i USA, som är en privat organisation för världsledare med ambitionen att omvandla FN till en världsregering, har som logotyp en naken man som rider på en vit

häst med uppräckt hand i en segergest med ordet VBIQVE under som betyder: över allt.

för att segra = Jesus har redan vunnit <u>sin</u> seger på korset med sin uppståndelse från de döda.

6:4 **röd häst** = efter 3½ års relativ fred på jorden (räknat från kröningen av den falske fredsfursten i 6:2) har <u>då</u> den ryska nomenklaturan (partiapparatens människor), konservativa kommunister, reaktionära stalinister, officerskår och militärer samt nationalister, antisemiter och maffian, hunnit konsolidera sina ställningar igen samt återtagit makten. (Se artiklar i Tempus Nr 27, 29 och 32/-92.) Detta är redan på plats i och med Putin! Det folkliga missnöjet med årsvis av svält, enorma klasskillnader och misslyckade ekonomiska reformer har då vuxit till i styrka, att man kan rättfärdiga ett anfallskrig mot Västeuropa, Israel och USA. Se Dagens Nyheters artikel på ledarsidan 5/2-92 om de ryska "liberal-demokraternas" partiordf. Vladimir Zjirinovskij, som med sina drygt 6 miljoner röster i presidentvalet i juni 1991, kom på tredje plats! Han talar öppet om att återta Finland, Baltikum och Alaska, samt att skicka militära trupper till Skandinavien för att "hämta mat till det svältande Ryssland". Han flirtar ogenerat med den förbittrade och förödmjukade ryska militären och säger sig gärna vilja "ta över i uniform"!

När huvudskörden för Guds Rike är bärgad i Ryssland, kommer det "brun-röda" maktövertagandet, vilket flera kristna förkunnare profeterat om!

I DN 7/2-92 varnade dåvarande president Jeltsin för en kommande fascistdiktatur i Ryssland, som enda kvarvarande alternativ till misslyckade ekonomiska reformer. På ledarsida i samma tidning beskrivs det militärindustriella komplexets avgörande del i den ryska ekonomin och hur gigantisk uppgift det är att ställa om dess produktionsapparat till civila produkter. Hela maskinparken måste bytas ut, arbetskraften omskolas m.m. vilket kostar astronomiska summor och tar en tid som inte finns. Det avgörande hotet mot Rysslands ekonomiska reformer och demokratisträvanden kommer från det militärindustriella komplexet med dess 10 miljoner anställda i vapenfabriker, miljoner soldater och officerare. DN:s ledarsida den 10/2-92 återger en undersökning från sin ryska kollega Nezavisimija Gazeta, där en "överväldigande majoritet av officerskåren säger sig vilja återupprätta Sovjetunionen." Enligt samma undersökning ville åtta av tio officerare att krigsmakten ska ta sin framtid i egna händer. En av Jeltsins militära rådgivare, general Kobets, varnar för att "okontrollerbara processer snart kunde inledas". Dagen före varnar i DN, Rysslands vicepresident, Rutskoj, att Ryssland kan komma att förvandlas till en maffiadominerad stat. Vladimir Putin säger ofta offentligt att *"Upplösningen av Sovjetunionen var 1900-talets största geopolitiska katastrof"!* Följ utvecklingen själv i massmedia! Detta kommer att beröra Dig!

stort svärd = enorm eldkraft och krigsmakt, vapensystem = Matt 24:6-7a. Jämför f.d. Sovjets enorma militärindustriella komplex. Enligt Sovjets f.d. försvarsminister Yazov, i Time13/5-91, var Sovjets försvarsbudget på 40% av BNP! (USA:s försvarsbudget är 5% av BNP). F.d. Sovjet, (OSS) har världens största armé på 4,5 miljoner man. Dess utgifter var 1990 38% högre än 1980, enligt SIPRI:s årsbok. 1985 - 89 exporterade Sovjet vapen för 66 miljarder $, <u>före</u> USA på 53 miljarder $! 1991 ökade Sovjets militärbudget med 37%. 62% av Sovjets verkstadstillverkning var militär, endast 6% var civil. (Därav all brist på konsumtionsvaror). 35% av Sovjets budget var militär! (Därav all misär och fattigdom). <u>Den 28/2 -92 meddelade den ryska regeringen att man avbryter omställningen av vapenindustrin till civil produktion, på grund av de hårdvalutainkomster som vapenexporten ger!</u> Versen handlar om den kommande militära FN-koalition som ska ledas av de ryska militärerna den gången; "hövdingen över Ros, Mesek, och Tubal" i Hesekiel 38--39. Den FN-aktionen går över till det 3:e världskriget i Hes 39:6 där Iran, Libyen, Etiopien, Sudan och Turkiet nämns som Rysslands huvudallierade (se 1 Mos 10:5 för rätt förståelse av Hes 39:6, eller mitt bibelstudium: Nationernas släkttavla i 1 Mosebok 10 via denna länk:
www.olofamkoff.se/bibelstudier_html/s_tavla.html

LÅT ER INTE LURAS AV ALLT TAL OM AVRUSTNING, FRED, INTERNATIONELL SÄKERHET OCH ATT DE RYSKA MILITÄRERNA INTE LÄNGRE ÄR ETT MILITÄRT HOT M.M. DETTA ÄR ENDAST LUGNET FÖRE STORMEN! DET PROFETISKA ORDET STÅR FAST, TILL VÅR VARNING!

6:5 **svart häst** = sorgens och dödens färg, Hesekiel 31:15.
vågskål = bristsituation, svält, Hesekiel 4:16f svart häst = Sak 6:1-8, (nordlandet är Ryssland enligt Jer 16:14-16, Jes 43:5f, Sak 2:68). Ryssland/OSS ska med andra ord drabbas hårdast och först av denna världsvida svält. Antagligen beror den på enorma väderleksförändringar. Både solforskare, klimatforskare, havsforskare och oceanografer hävdar att de senaste årens varma och torra väder kommer att bytas mot extremt kallt och vått väder, "en liten istid", resten av decenniet, Västerbottens Kuriren

23

1990.02.23, Land 23/-92 samt Tempus 3/-92. Forskning och Framsteg nr 3/-04 sid 14, har en artikel med rubriken: Risk för Skandinavisk köldchock "Under de senaste 100.000 åren har snabba klimatförändringar inträffat ett tjugotal gånger. På kort tid har medeltemperaturen stigit eller sjunkit med upp till 10 grader. Det kan hända igen, säger Stefan Rahmstorf, professor vid Potsdamer Institut für Klimafolgenforschung i Tyskland. Han besökte nyligen Stockholm i samband med utgivningen av en bok om globala klimatförändringar. Han fick frågan: Vilka är de viktigaste slutsatserna av din forskning? - Ju kraftigare vi påverkar klimatsystemen genom utsläpp av koldioxid och andra växthusgaser, desto större är risken för snabba klimatförändringar. För Skandinaviens del kan en global uppvärmning innebära en så kraftig nedkylning att det blir omöjligt att bedriva jordbruk. En sådan förändring kan ske redan under detta århundrade. Jag vill inte påstå att det kommer att hända, men risken är påtaglig. Redan nu kan vi se tecken på att Golfströmmens utlöpare i Nordatlanten är försvagad." Om Golfströmmen ändrar riktning eller blir försvagad så att ryska flottan vid Murmansk blir fastfrusen och inte har öppet vatten ut till Nordsjön och Nordatlanten, så kommer den "ryska björnen" blir desperat och försöker bryta sig ut via Skandinavien!

Kjell Sjöberg startade organisationen *"Förebedjare för Sverige"*. Vid deras nyårskonferens 1985 var den engelse profeten Clifford Hill inbjuden. Han profeterade att det kommer en 7 år lång världssvält som drabbar (f.d.) Sovjetunionen hårdast. Detta i syfte att tvinga fram ett frisläppande av alla judar som vill göra aliyah till Israel. Putin håller kvar den judiska intelligentian i Ryssland. De judar som gjorde aliyah direkt efter Sovjetunionens fall 1991, var framför allt pensionärer, småbarnsfamiljer och vanligt folk som inte tillhörde den ryska intelligentian.

På det senaste judiska sabbatsårets (shemitah) första dag: 2014-09-25, publicerades en bild på en kalv med siffran 7 på sitt huvud. Samma dag föddes en annan kalv också med en 7:a på sitt huvud! Den messianske rabbinen Jonathan Cahn, säger att detta är två tidstecken på vad ska ske. Denna tidsålder kommer att avslutas med en repris på vad som hände i Egypten under Josefs tid där, med 7 överflödsår som följs av 7 svältår. (Jämför 1 Mos 41!) 7 år från 2014-09-25 blir 2021-09-25 som alltså är vändpunkten på denna 14 åriga cykel. Från och med 2022 enkelt uttryckt, kommer det bara att bli värre och värre med världsekonomi och matproduktion under 7 år, lagom till FN:s och WEF:s Agenda 2030 att börja

24

gälla! Se och hör honom själv via denna länk:
www.youtube.com/watch?v=Mv3bpaca8sQ&ab_channel=ConnieOelbau

6:6 1 mått = 1 liter,
silverpenning = dagslönen för en arbetare på Jesu tid. Denarion i gr. text, vilket används synonymt för "penning, silverpenning, dagspenning". Hyperinflation p.g.a. upprepade skördebakslag = Matt 24:7b
olja och vin..ej skada = det som behövs för den då återupptagna levitiska tempelgudstjänsten i ett nytt Tempel i Jerusalem, har Israels Gud undantagit från sina domar. Olivolja och vin behövs nämligen till alla brännoffer enligt Mose lag. Alla offer ska dessutom saltas, och därför har Skaparen gjort så att Döda havet med alla sina salter ligger på endast 34 kilometers avstånd från Jerusalem!

6:8 Döden och Dödsriket = resultatet av den vita, röda och svarta hästen blir att "en fjärdedel av jorden" kommer under den fjärde ryttarens makt. D.v.s. 2 miljard människor kommer att dö!
svärd = röd häst, d.v.s. krig,
hungersnöd = svart häst,
pest = farsoter (Aids, Hepatit B, Ebola, Covid 20) och skräcksyner i Lukas 21:11
vilddjuren på jorden = både fysiska och andliga vilddjur. De andliga vilddjuren = vit häst + ryttare samt 13:1-18, de fysiska vilddjuren = Hes 14:21.

6:9 = 5:e inseglet = Matt 24:9-28 = Dan 12:1, d.v.s. Antikrists vrede, vedermödan.
själar slaktade = 20:4

6:10 = Luk 18:7f, Rom 12:19

6:11 skaran av...dräpta...fulltalig = många av de 5 oförståndiga jungfrurna i Matt 25:1-13 (+ Upp 20:4!)

6:12 = 6:e inseglet = Matt 24:29-31, Joel 2:10, 31, 3:15, Jes 13:10. Den kosmiska förmörkelsen under det 6:e inseglet, är det tecken Jesus nämner som svar på lärjungarnas fråga i Matt 24:3 om sin tillkommelse. Det 6:e inseglet är *"Lammets vrede"*, vilken nämns i 6:16.

25

6:13 **himmelens stjärnor** = änglar/demoner i vanliga fall, men med tanke på vad dessa "stjärnfall" åstadkommer i 6:14, (alla berg och öar flyttas bort från sin plats) måste det vara fråga om kometer **såsom när ett fikonträd fäller sina omogna frukter, då det skakas av en stark vind** = Jes 34:4.

6:14 **himmelen vek undan såsom när en bokrulle rullas ihop** = Jes 25:7.

6:15 = Jes 2:19, 24:21-23.

KAPITEL 7

7:1 **jordens 4 vindar** = de 4 världsväldenas andefurstar enligt Dan 10:20 +

7:2f + 17, samt Dan 2. D.v.s. Babylon, Medo-Persien, Alexander den stores Grekland (Javan), Romarriket. Världsväldena har gått under men inte dess andefurstar, de är verksamma tillsammans i vilddjurets rike enligt 13:2, ända till Dan 2:35, 44f, d.v.s. Jesu återkomst. Dessa 4 "vindar" hålls tillbaka av 4 änglar för att 144000 frälsta judar ska hinna andedöpas i 7:3. Det vill säga ett kortvarigt tillstånd av fred eller vapenvila inträder för att detta kapitels skördemän ska hinna verka, enligt Matt 24:14.

7:3 **insegel** = Andens gåva enligt Ef 1:13, Lammets och dess Faders namn enligt 14:1-4. Jämför Hes 9:4!
7:4 = Förstlingsskörden av Israels kvarleva, 14:4, Jes 49:6. Dessa 144000 judar = gossebarnet i 12:5 som kvinnan (Israel) föder.
7:5-8 = Rom 11:26 + Dan 12:1b.
Manasses stam = Dans stam är inte med p.g.a. dess dyrkan av de guldkalvar som Jerobeam ställde upp i Dan och i Betel enligt 1 Kon 12:25-30. Gud hade redan i 5 Mos 29:18-20 hotat att utplåna den mans namn eller stams namn som avföll från dyrkan av Herren till förmån för en avgud. Manasse var Josefs förstfödde.
Josefs stam = av samma anledning som för Dans stam, ersattes Efraims stam med Josefs stam.

7:9 Huvudskörden av Israels kvarleva. Angående kvarleva, se Jes 10:20-23, och 28:5.

7:10-12 = Luk 15:10.

26

7:14 **stora bedrövelsen** = Dan 12:1a, Matt 24:21 + Upp 3:10.
tvagit sina kläder = bekänt sina synder inför Gud i ånger och fått sin själ och ande renad tack vare Jesu försonande, heliga blod, 2 Mos 29:21, 3 Mos kap 16.

7:16 **inte mer hungra, törsta, och solens hetta ska inte mer träffa dem** = en beskrivning av vad dessa har fått gå igenom under Antikrists tid vid makten.

7:17 **Gud ska avtorka alla tårar från deras ögon** = lidandet under Antikrist är fyllt av smärta och ångest.

KAPITEL 8

8:1 **sjunde inseglet** = "Herrens dag".
tystnad en halv timme i himmelen = ännu ett bevis på Guds långmodiga barmhärtighet att låta denna fruktansvärda domsakt föregås av en halv timmes tystnad i himmelen. All annan verksamhet än att hjälpa syndare till bättring, omvändelse och tro ställs då in. Annars är ju himmelen full av ständig lovsång m.m. enligt 4:8-11.

8:3 **mycken rökelse** = bönens ande utgjuts över de heliga på jorden. Böner som beds i Ande och sanning når ända fram till Guds guldrökelsealtare framför hans tron, Jak 5:16b-18.
rökelse = bön enligt. 5:8
ängeln lägger rökelsen till alla de heligas böner = utgjutandet av "nådens och bönens ande" i Sak 12:10.

8:4 jämför Apg 10:4.

8:5 = De heligas (judarnas) böner samarbetar med Guds domsänglar. Här och framåt, slutuppfylls Jes 51:6!

8:7 **hagel och eld** = När atombomben över Hiroshima släpptes började det helt plötsligt att hagla massivt över staden och dess omgivningar. Det berodde på att den luft som hettades upp av explosionen steg uppåt med vattenånga som direkt kyldes ned i de övre luftlagren och ombildades till hagel som sedan föll ned.

27

tredjedelen av jorden brändes upp, tredjedelen av träden brändes upp och allt grönt gräs brändes upp = detta kan bara åstadkommas av ett kärnvapenkrig! Resultatet blir massdöd, massvält och syrebrist.

8:8 stort brinnande berg = lokalt kometnedslag i…
havet = kanske Medelhavet. Alla geografiska riktningar och benämningar utgår från Jerusalem, se Hesekiel 5:5.
blod jämför 11:6 där de två vittnena samarbetar med Guds änglar till domsakter, bl.a. förvandlas vattnet till blod. Uppenbarelsebokens kapitelindelning är inte strikt kronologisk.

8:9 1/3 av skeppen förlista = konsekvenserna av kometen! Den första tredjedelen av Guds dom över människans syndiga negligerande av vårt mandat här på jorden att *"bruka och bevara"* även haven i 1 Mos 2:15, utlöses här, resten i 16:3.

8:10 stjärna = ond fallen ängel, jämför Jes 14:12 om Lucifer, Upp 12:4, 9.
strömmar och vatten källor = sötvatten, till skillnad från saltvattnet i **havet**.

8:11 Malört heter *Tjernobyl* på ukrainska, där det havererade kärnkraftsverket med samma namn ligger. Det har profeterats att denna katastrof var en Guds dom över sovjetkommunismens och ateismens vetenskaps- och teknikdyrkan, i syfte att öppna folkets ögon från materialismens förblindelse, till andlig klarsyn. Av väckelsen att döma i f.d. Sovjet lyckades Gud! Malört är alltid straffet för gudlöshet, se Jeremia 23:15. Kronologiskt har denna profetia bara inlett sin fullbordan 1986. Mer är att vänta vad gäller konsekvenserna. Malörten är mycket bitter, jämför Hos 10:4!

8:12 = Sef 1:14, Joel 2:1f. Jämför 2 Mos 10:21-23.

8:13 örn = Guds dom i form av en övermäktig fiende, enligt Hos 8:1.

KAPITEL 9

9:1 stjärna = Satan, Luk 10:18, Upp 9:11,12:4, 9.
avgrunden = demonernas fängelse, Luk 8:31. Ej samma sak som dödsriket enligt Ords 15:11.

28

9:2 **rök** = dom, 15:8, Jes 6:4, Klag 3:38-44.

9:4 Guds vredesdomar träffar bara dem som förtjänar det, jämför 2 Mos 8:22f, 9:4, 26, 10:23, 11:7, 12:13 + 23. *"Jesu blod räddar oss undan vredesdomen"* säger Rom 5:9f, 1 Tess 1:10, 5:9.

9:6 **döden ska fly undan ifrån dem** = p.g.a. att Jesus bestämmer över döden enligt 1:18. I detta finns Guds nåd som ger dem en möjlighet att göra bättring i stället för att begå självmord och därför dömas till helvetet.

9:7-10 = Dessa tax-stora **gräshoppor med människoansikten, kvinnohår, lejontänder och skorpionstjärtar**, är genmanipulationens slutstation! Straffet för att människan i sitt intellektuella högmod och stolthet leker Skapare. Betänk Herrens försäkran i 1 Mos 11:6b!

9:11 **Apollyon** betyder Fördärvare, jämför 2 Mos 12:23, d.v.s. Satan.

9:14 **lös de bundna änglarna** jämför Judas 6, 2 Petr 2:4. Martin Luther sa: "Djävulen är Guds bandhund".
vid den stora floden Eufrat = 16:12-16.

9:15 = Historiens Gud styr allt efter sin vilja (Ef 1:11). Det finns ingen plats för slump eller överraskningar för Honom. De stora händelserna i människans historia är *på timmen* förutbestämda av HERREN!

9:16 = 200 miljoner soldater! Kina kan mobilisera en armé på 200 miljoner man! All data- och militärelektronik utslagen p.g.a. den enorma solfläcksaktivitet som orsakat att solen minskat i styrka med 1/3 i 8:12. Kärnvapenexplosioner på hög höjd (Elektro Magnetisk Puls, EMP) sänder ut elektromagnetiska pulser, vilka slår ut all elektronik regionalt. Se Joel 2:30 där *"rökstoder"* kan vara atombombssvampmoln.

9:17-19 = de 4 nyss lösta, fallna änglarnas demonhärar!

9:20 nämner syftet med Guds vredesdomar, nämligen omvändelse och... **bättring** från nyhedendom m.m.
tillbe avgudar av sten = t. ex. New Age-rörelsens tillbedjan av kristaller.
tillbe onda andar = åkallan av "Lord Maitreya", Gaja, m.fl namn, aktiverar endast onda andar enligt 1 Kor 10:20. Jämför Joh. 3:19-21 + 2 Tess 2:9-12.

9:21 **De gjorde inte bättring och upphörde inte med sina mordgärningar** = t.ex. satanisters spädbarnsoffer, men framför allt kommer laglösheten att växa till den milda grad att mord ska känneteckna denna tidsålders avslutning, liksom

trolldomskonster = "farmakon" i gr text, jmf Pharmacy = apotek på engelska. Droger/medicin och magi i blandning. T.ex. Santeriareligionen i Sydamerika där hallucinogena droger används i "gudstjänsten". Men drogproblemet i stort kommer också att växa, till helt okontrollerbara proportioner. Fler och fler städer och länder legaliserar nu droger/knark.

otukt = all utomäktenskaplig- och föräktenskaplig sex. Med tanke på AIDS i detta sammanhang, styrker detta bibelord de senaste larmrapporterna från Harwarduniversitetet, enligt DN 5/6-92, som säger att "Världen står inför en explosiv och katastrofal spridning av Aids, speciellt i Asien. Detta är en global epidemi som håller på att bli okontrollerbar. 2,6 miljoner människor har Aids och 13 miljoner har HIV. Om ingen radikal förändring sker, kommer minst 120 miljoner människor att vara HIV-infekterade vid sekelskiftet." Aids-spridningen mer än fördubblas varje år. Om inte en återgång till biblisk sexualmoral sker, kommer hela jordens befolkning att utplåna sig själv i Aids under nästa sekel! Men tack och lov, kommer dels en väckelse med upprättande av sexualmoralen som frukt, och dels kommer Jesus tillbaka innan ett utplånande av mänskligheten skulle kunna ske. Otuktens ande kommer med andra ord att vara starkt utgjuten under den antikristliga tiden, för versen säger att de inte ska sluta med sitt lösaktiga leverne, liksom med

tjuveri = "därigenom att laglösheten förökas ska kärleken hos de flesta kallna" enligt Jesus i Matt 24:12. Tjuveriet ska drabba gemene man till den milda grad att man slutar att lita på någon och barikaderar sig hemma bakom lås och bom. Ingen vågar gå ut för risken att bli rånad och nedstucken! Se Rick Joyners bok "Skörden" (Kornet förlag) angående detaljer i denna sak. (Denna laglöshet snabbar givetvis på införandet av det kontantlösa 666-systemet.) Den orättfärdigt sneda rikedomsfördelningen i världen är den största orsaken till fattigdomen som i sin tur leder till den knarkhandel, stölder och mord, som denna vers handlar om.

KAPITEL 10

10:1 = Jesus, 1:16, 4:3.

10:2 **satte sin högra hand på havet och sin vänstra på jorden** = Jesu herravälde över det som därefter kommer upp ur havet i 13:1, resp upp ur jorden i 13:11. D.v.s. Vilddjursriket (med dess mun, Antikrist) och den falske profeten, kan endast framträda med Jesu tillåtelse, för hans eviga syften, vilka är svåra att fullt ut förstå.

10:3 = Joel 3:16, Ps 29.

10:7 **7:e ängeln stöter i sin basun** = 11:15.
Guds hemliga rådslut = Ef 1:9f, 3:2-11.

10:9 **ät bokrulle...bitter plåga i din buk** = klagosånger och verop enligt Hes 2:7 - 3:3
söt i din mun = Ps 119:103, Jer 15:16.

KAPITEL 11

11:1 **mätstång** = himmelrikets måttstock som avgör vilka judar som tillber Gud i Ande och sanning i detta nya
Guds tempel = det 3:e judiska Templet som Israels ortodoxa judar förbereder sedan 1985, då Tempelinstitutet grundades.
Se **www.templeinstitute.org OBS! Kalla inte detta tempel för "Antikrists tempel" för det är som versen säger: Guds tempel!**

11:2 **den heliga staden** = Jerusalem, för den är uppkallad efter Guds namn enligt Dan 9:18f.
hedningarna förtrampa staden = enligt Sakarja 12:2 ska "Jerusalem bli hela världens stötesten och berusningskalk". Islam, FN, påven, EU, PLO m.fl. kräver att Jerusalem ska ställas under internationell kontroll, eller bli "Palestinas" huvudstad. Enligt Simon Peres' vän, fransmannen Mark Halter, erbjöd Peres (Israels f.d. president) Vatikanstaten att överta kontrollen av östra Jerusalem som skulle ha både en israelisk och en palestinsk borgmästare, båda underställda påven! Denna plan innehåller även förslaget att göra Jerusalems gamla stad till "den andra vatikanen" med representanter för de tre monoteistiska religionerna, men underställda Vatikanen i Rom! Skökan tar verkligen form just nu! "Förtrampandet" hör framför allt samman med 11:8.
i 42 månader = 3½ år. Andra uttryck som används för samma tid av Antikrist vid makten *är "1260 dagar", "en tid, tider och en halv tid"* samt *"en halv* (års-) *vecka"*, Dan 7:25. 9:27. 12:7, Upp 11:3, 12:6 och 13:5.

31

Enligt 11:1-2 ska endast templets yttre förgård kunna ockuperas av Antikrists styrkor. Detta p.g.a. de heligas böner, trots att Antikrist är oövervinnelig, enligt 13:4b! M.a.o. håller de två vittnena och deras respektive församlingar (se 11:3f), Antikrist stången i 3,5 år. Världens mäktigaste regent och imperium någonsin, kan inte ockupera tempelplatsens inre delar, därför att Elia och hans judekristna församling ber där tillsammans med Enok och hans hednakristna församling! D.v.s. de två vittnena. Bönens makt är störst!

11:3 **mina två vittnen** = två profeter enligt 11:10, men också två församlingar enligt 11:4 + 1:20.
säcktyg = judisk profetklädnad enligt Jesaja 20:2.

11:4 **dessa vittnen är de två olivträd och de två ljusstakarna** = De två vittnena symboliserar alltså två saker. Dels två profeter enligt Sak 4:1-14 och dels två Församlingar enligt Upp 1:20. I och med att "alla människor ska dö en gång och sedan dömas", enligt Hebr 9:17, har Enok och Elia kvar var sin fysiska död att genomgå. De gjorde nämligen himmelsfärd utan att först dö. De två församlingarna är enligt Rom 11:17-24 ett andefyllt Israel och den övervinnande hednakristna Församlingen, d.v.s. Bruden! Sakarja 4:2-6, Joh

10:16. Se även text vid 11:18.

11:5 **eld förtär deras ovänner** = 2 Kon 1:10-12.

11:6 **vattnet till blod** = 8:3 + 8 + 16:3-4.
tillsluta himmelen = 1 Kon 17:1.

11:7 **när de till fullo framburit sitt vittnesbörd** = Jesus är på tronen, ingenting kan hända förrän Han tillåter det ske, jämför Johannes 7:30, 44, 8:20, 10:39.
vilddjuret... upp ur avgrunden = Antikrists demoniska karaktär. Enligt 13:12,14 ska vilddjuret dödas men återuppstå. I och med att Bibeln ibland (Rom 10:7) använder ordet avgrunden för dödsriket kan det tänkas att vilddjurets uppstigande ur avgrunden är en ockult återuppståndelse, av den typ som praktiseras inom voodooreligionen. En död människas ande manas upp ur dödsriket och in i en annan död, ännu ej begraven människa, vilken blir en s.k. zombie.
övervinna dem och döda dem = till slut dödas Elia och Enok när "de har fullgjort sitt vittnesbörd".

32

11:8 **deras döda kroppar** = endast en del av de två vittnenas församlingar kan det vara fråga om, i och med att de ska rymmas i Jerusalem. (De "två vittnena" består sannolikt av flera hundra miljoner kristna med Elia och Enok som ledare, de egentliga "vittnena".) Jerusalem ska tydligen bli en världsmetropol, därav uttrycket...
den stora staden, trots sin litenhet. Förklaringen finns i versens uttalande om att Israels huvudstad ....
andligen talat heter Sodom och Egypten. D.v.s. homosexualitet/sexuella perversioner, resp. hednisk, ockult religionsblandning är vad Satan ska förtrampa den stad med i 42 månader, som är uppkallad efter Guds namn (Fridens Klippa/boning) och som Jesus har sådan kärlek till att han grät över den! Att Antikrist och den falske profeten (den siste påven) ska tillåta sexuella perversioner i det kristna livet, är ingenting nytt i katolska kyrkans historia. Enligt historikern Reay Tannahills bok "Sex in history", instiftade påvarna under 1500-talets början bordellordnar! De fanns i Avignon och Rom. På förmiddagarna förväntades nunnorna ägna sig åt religiösa plikter och på eftermiddagarna åt sina "kunder". En våg av könssjukdomar satte stopp för eländet!

11:9 **allehanda folk, stammar, tungomål och folkslag** = hela världens alla folk.
se deras döda kroppar = Detta möjliggörs med dagens satellit-TV.
11:10 = Luk 13:33.

11:11 **livets ande** = 1 Mos 2:7, Hes 37:10

11:12 **Då steg de i en sky upp till himmelen** = vittnenas uppryckande, jämför Apg 1:9. Detta måste vara tidpunkten för Församlingens uppryckande, de 5 förståndiga jungfrurna. Därför att de 2 vittnena symboliserar inte bara 2 personer, utan också "2 ljusstakar" enligt 11:4. Symbolen ljusstake uttyds i Upp. 1:20 som församling.

11:13 **7000 omkom** = jämför 1 Kon 19:18. Antagligen ett symboliskt tal för: Guds perfekta ordning.

11:15 = 10:7. **Väldet över världen** = till skillnad från Jesu ord i Matt 28:18 om att all makt i himmelen och på jorden är hans, är nu hans makt rådande även *"över världen"*. Tidigare var *"hela världen i den Ondes våld"*, 1 Joh 5:19, Luk 4:5f, Dan 7:13f och 1 Kor 15:24-28.

33

11:18 **Folken vredgades** = Ps 2:1-3, Ps 46:7,
men din vredes dag har kommit = Ps 2:4-12.
dina tjänare profeterna = Elia och Enok i första hand, men även alla andra HERRENS profeter.
de heliga = det judiska folket,
dem som fruktar ditt namn = hednakristna, Apg 13:16, 26, 16:14, 17:4, 18:6-7. Dessa människor tillsammans: dina tjänare profeterna (Elia & Enok), de heliga och dem som fruktar ditt namn, är det fulla innehållet av uttrycket "mina två vittnen" i 11:3.
fördärva dem som fördärvar jorden = 2 Tess 1:6, Rom 12:19 + Ps 125:3.

11:19 **förbundsarken blev synlig** = platsen där 10 Guds bud ligger. Buden representerar Lagen och den innehåller både välsignelser och förbannelser, 5 Mos 28. Välsignelserna representeras av att förbundsarken blev synlig, medan förbannelserna representeras av att det kom...
blixtar, dån, åska, jordbävningar och stora hagel.

KAPITEL 12

12:1 **en kvinna, solen till klädnad, månen under sina fötter, 12 stjärnor i krans runt huvudet** = Israel. Jämför 1 Mos 37:9f. Den messianske juden Lance Lambert talade i en konferens, anordnad av The Christian Friends of Israel, i Jerusalem, om att den 13-14 september 1996 inträffade en unik astronomisk händelse. Stjärnbilden Jungfrun hade då månen under sina fötter och en krans av 12 stjärnor runt sitt huvud! Sedd från Jerusalems horisont var hela stjärnbilden genomlyst av solen underifrån, den hade som versen säger "solen till klädnad". Detta är första och enda gången i universums historia som detta inträffar! Gud har satt solen, månen planeterna och stjärnorna "till tecken, och till att utmärka särskilda tider, dagar och år", enligt 1 Mos 1:14. Kjell Sjöberg skrev i samma nyhetsbrev, 25/9 1996, om detta så här: "Detta tecken i skyn hjälper oss att sätta ett datum på de profetiska händelser som Upp. 12 beskriver. När detta har skett, vet Satan att hans tid är kort. Uppenbarelseboken talar om ett kort tidsperspektiv när Guds folk bara kommer att ha 3½ år på sig. Hitintills har vi levt med ett alltför utdraget tidsperspektiv. Vi har trott att vi har många årtionden på oss. Vi behöver göra bättring från alla attityder och tillvägagångssätt som fördröjer Jesu tillkommelse och börja leva i Guds högsta prioritet. Vi behöver öka den profetiska träffsäkerheten. Genom att lyssna till den helige Ande och vandra i gudomliga sammanträffanden, kan mycket uträttas även under ett kort

34

tidsperspektiv. Det måste också få ekonomiska konsekvenser." I tidningen Carmel nr 2/97 skriver Claes-Göran Bergstrand om samma sak. Han har lyssnat till en messiansk jude vid namn Greg Killian som talade vid ett offentligt möte i Jerusalem om "himmelska fenomen i vår tid". Han sa då att under de tre judiska nyårshelger som är kvar under detta årtusende, kommer Jungfruns stjärnbild från Jerusalems horisont se ut såsom kvinnan i Upp.12:1 beskrivs. Bortsett från att månen de gångerna inte kommer att vara under hennes fötter. Den kommer istället att vandra genom jungfrun uppåt, som i en födsloprocess. I judiskt perspektiv står månen i vissa sammanhang för Messias. Jungfruns stjärnbild har aldrig någonsin tidigare från Jerusalems horisont visat sig sådan den gjorde i september 1996. Den kommer aldrig mer efter 1999 att ha en krans av 12 stjärnor runt sitt huvud och inte heller ha månen under sina fötter eller vandra genom dess kropp. Detta är någonting helt världsunikt som sker på himlavalvet över Israel i våra dagar!

12:2 **havande, barnsnöd, födslovånda** = Mika 5:2-4. Kvinnan, jungfrun Israel "föder fram" sin tro på Jesus som deras rätte Messias och därmed hans återkomst! Situationen i Mellanöstern och "fredsprocessen" med all dess terror mot Israel och världssamfundets krav på Jerusalem som "Palestinas" huvudstad, bidrar till allt detta. Se även Sakarja 12—14.

12:3 **drake** = Satan, djävulen, den gamle ormen, 12:9
7 huvuden = 7 berg som den avfälliga kyrkan, skökan tronar på (Roms 7 kullar, se 17:9). Det betyder också enligt 17:9f, 7 kungar, *"varav 5 har varit"*, (de 5 mest antisemitiska och självförgudande kejsarna innan Johannes fick denna apokalyps), *"en är"* (då Johannes mottog denna uppenbarelse, år 96 e. Kr) och den återstående har ännu inte kommit, han ska vara *"en liten tid"* (det återuppståndna Romarrikets siste kejsare, Antikrist) .
10 horn = 10 kungar som ännu inte kommit till makten o.s.v, enligt 17:12 = de 10 tårna i Dan 2:40-44, 7:7, 20, 24.
på sina huvuden 7 kronor = de 7 kronorna är hädiska namn enligt 13:1. En persons namn är liktydigt med den personens karaktär, enligt Bibeln. Alltså är de 7 huvudena 7 kungar med hädiska namn, egenskaper, ambitioner. Enligt Watchman Nees bok "Come Lord Jesus", är dessa 7: Julius Caesar, Tiberius, Caligula, Claudius (Titus) och Nero, de *"5 som varit"*,
"en är" = Domitianus, som regerade då Johannes fick denna bok av Jesus, samt "den återstående" = Antikrist, det återupplivade Romarrikets siste kejsare, Vilddjuret. De 6 namngivna romerska kejsarna förgudade sig själva och krävde tillbedjan. Därför är deras namn hädiska.

12:4 **1/3 av himmelens stjärnor** = enligt 12:7-9 kastades Satan och hans änglar ned på jorden av Mikael och hans änglar.

12:5 **kvinnan födde ett gossebarn** = händelsen avser framtiden, ej Jesu födelse. (Enligt 4:1 får Johannes se "vad som ska ske härefter". Vad är det då för mening med att beskriva Jesu födelse i en profetia, 96 år efter hans födelse?) Barnet = *"Innan Sion har känt några värkar föder hon, innan hon känt någon vånda har hon fött en son. Vem har hört något sådant, vem har sett något liknande? Kan ett land komma till liv på en enda dag, eller ett folk födas på ett ögonblick, eftersom Sion föder sina barn redan när värkarna börjar? Skulle jag öppna moderlivet men inte låta födseln ske? säger Herren. Eller skulle jag som låter födseln ske sedan hålla tillbaka barnet? säger din Gud."* Jesaja 66:7-9. D.v.s. Israels återuppståndelse och nyfödelse 1948!

styra alla folk med järnspira = 2:26f, 20:6.

barnet uppryckt till Gud = den första uppståndelsen börjar inte förrän *"hela Israel* (alla 12 stammarna i 7:3-8) *blivit frälst"*, Rom 11:26, 15, 12 = Dan 12:1f. Enligt 1 Kor 15:22f sker den 1:a uppståndelsen i olika turer och ordningar. Nr 1 = Förstlingen själv: Jesus Kristus, Apg 26:23, sedan förstlingen av Skörden, d.v.s. gossebarnet, de 144.000, se 14:1-4. Nr 2 = *"de övriga av hennes säd"* i 12:17 = individer ur *"alla folkslag, stammar, folk och tungomål"*, *"komna ur den stora bedrövelsen"*, uttrycket har samma andemening som Dan 12:1, vilket även Jesus citerar i Matt 24:21. Se även Jer 30:6f. Här ingår även *"de i Kristus döda"* enligt 1 Tess 4:16f. Nr 3 = *"den goda säden"* i Matt 13:38f + 25:31-40 = Upp 14:15f och 15:2-4, d.v.s. de 5 förståndiga jungfrurna i Matt 25:1-13. M.a.o. alla då levande hednakristna som har Andens kärlek till Jesus i sina hjärtan. Nr 4 = vedermödans halshuggna martyrer, 20:4, 12:11 = 6:9-11 + Matt 25:8-12, d.v.s. de 5 oförståndiga jungfrurna. Vi hednakristna är enligt 2 Kor 11:2 *"trolovade med Jesus såsom rena jungfrur"*. Men utan tecknet, beviset på förlovningen (förlovningsringen av guld) d.v.s. Andens dop (Matt 25:3f) har vi inte Andens rena kärlek till Brudgummen och äger därmed inte "inträdesbiljetten" till bröllopet, Matt 25:10f. Liksom *"Adam kände sin hustru och hon blev havande"* handlar det för oss att känna Jesus intimt (men inte sexuellt förstås!), för att det ska bli tal om någon brudekärleksrelation till Honom. *"Störst av allt är kärleken"* (inte teologin/läran, 1 Kor 13:2). Detta misstag gjorde Efesuskyrkan i 2:2-5 liksom de flesta av dagens svenska församlingar! Sätter vi renlärighet eller ännu värre, politisk korrekthet före kärleken till Jesus och hans Kropp/Församlingen, kommer vi inte in i i himmelen som brudesjälar, utan som martyrer! Men var lugn. Guds

Ande kommer att se till att alla som älskar Jesus av uppriktigt hjärta och längtar efter Andens dop, också kommer att få det, så att de 5 förståndiga jungfrurnas antal blir fulltaligt! Alltså halva kristenheten.

12:6 = 12:14 d.v.s. Israel flyr till en plats i *"Folkens öken"*, Hes 20:34-38, Jer 31:1f, Hos 2:14f, där **uppehälle** finns för dem i 3,5 år. Jer 31:1f, Hos 2:14f. Som profetisk förebild finns 2 Sam 17:26-29. Antagligen handlar det om Bosra i Jordanien som ligger 4 km från Petra, klippstaden. *Botsrah* på hebreiska betyder fårfålla, se Mika 2:12-13!

12:7 **Mikael** = Israels skyddsänglafurste, Dan 12;1, 10:13, 20f, Judas 9.
gav sig i strid med draken och hans änglar = samarbetet mellan de heliga och Guds änglar i 8:3 resulterar i att himmelriket attackerar mörkrets välde i full skala.

12:8 **de förmådde intet mot dem** = Guds allsmäktighet i aktion. Jesu seger över djävulen manifesterad, kraften i Jesu blod bevisad. Se 12:11.
12:9 = 12:4, Djävul, Satan betyder Åklagare på grekiska resp hebreiska. Jämför Job 1:6-12, 2:1-7, Sak 3:1f, Luk 22:31.
nedkastad till jorden = Joh 12:31, Luk 10:18f,
hans änglar = demoner, onda andar, andefurstar. Den dom Jesus uttalar över Satan i Joh 16:11, verkställs inte förrän här i 12:9. Enligt Jesus i Matt 24:37f + Luk 17:28-30 ska förhållandena på jorden vid hans återkomst vara desamma som på Noas tid i 1 Mos 6:1-5, d.v.s. fallna änglar i köttslig manifestation som idkar sex med kvinnor, som föder jättar! Dessa nedkastade demoner kommer att ses som "bönesvar" av TM och New Age-folket m.fl, som ju ber om att "avatarer" och "högre intelligenser" ska komma ned på jorden och rädda oss från krig och miljöförstöring!

12:11 Endast **Lammets blod** och vår uttalade bekännelse om förtröstan på Jesu ställföreträdande försoningsdöd, kan ge oss ett alibi mot Åklagarens fördömelsetankar/känslor i våra liv, Rom 8:1, 28-39. Så används trons sköld och Andens svärd!

12:12 **gläds ni himlar och ni som bor i dem** = ej himmel 1-7 (som inte finns) utan "lufthimmelen" i Ef 2:2 och "himlarnas himmel" (1 Kon 8:27), d.v.s. paradiset, den *"3:e himmel"* som Paulus blev uppryckt till enligt 2 Kor 12:1-4. Dessa himlar blev i 12:9 renade från lögnens och ondskans representanter, Job 15:15.

37

ve dig du jord = 13:11. Ordet jord kan också översättas land, och då betyder det Landet, (Israel). Kanske ska den falske profeten (vilddjuret nr 2, med *"två horn som ett lamm men med ett tal som en drake"*) stiga fram i Jerusalem, med tanke på hur den staden benämns i 11:8 - *"Sodom och Egypten"*.
ve dig du hav = 13:1. Hav som symbol står för hedningarnas folkhav, d.v.s. alla ickejudiska folk, se 17:15, Ps 144:7, Jes 17:12f, 57:20, Dan 7:3, 17.
kort tid kvar = 3,5 år.

12:13 Denna vers klargör <u>när</u> Satan blir **nedkastad på jorden**. Det sker <u>efter</u> det att kvinnan (Israel) har fött "gossebarnet" 1948.

12:14 **den stora örnens vingar** = Guds övernaturliga frälsningsingripanden, 2 Mos 19:4.
flyga ut = kanske en luftbro i den helige Andes kraft, som i Apg 8:39f.
i öknen = klippstaden Petra i Jordanien och Bosra, (se förklaringen vid 12:6) Edom, Moab och Ammon i Daniels bok kapitel 11:41.
uppehälle i 3½ år = 1 Kon 17:1-14. Evangeliska kristna från Storbritannien och USA har förhandslagrat mat och Biblar på hebreiska i Petra!

12:15 **ormen sprutade vatten ur sitt gap, som en ström efter kvinnan** = av djävulen uttalat (inspirerat) Israelhat och judeförföljelser, Jes. 59:19, Jer. 46:7f, Ps. 124, 32:6.

12:16 **jorden öppnade sin mun och drack upp strömmen** = lokala jordbävningar kring Petra uppslukar Israels fiendearméer, jämför 4 Mos 16:30-33.

12:17 **de övriga av kvinnans säd** = 7:9, 14. Angående förstlingsskörd och huvudskörd, se 3 Mos 23:10-16.
de som håller Guds bud och har Jesu vittnesbörd = s.k. messianska judar, frälsta, pånyttfödda judar. För de både "håller Guds bud (Lagen) <u>och</u> har Jesu vittnesbörd". Det kan också inkludera oss hednakristna för vi är förelagda att hålla de av Guds bud i Lagen som handlar om oss, och ha Jesu vittnesbörd. Se Apg 15: 13-20 och Apg 10:2 + noten i Svenska Folkbibeln.

12:18 **ställde sig på sanden** = draken ställer sig **på**, besegrar judarna, Israel. Judarna liknas vid *"sand på havets strand"* i 1 Mos 22:18.
invid havet = liksom sandstranden angränsar till havet är också Israels land invid *"hedningarnas havsländer"*, 1 Mos 10:1-5.

38

KAPITEL 13

13:1 **ett vilddjur stiga upp ur havet** = Antikrists världsvälde kommer ur hednavärlden, Dan 7:3, 17, specifikt från Medelhavsområdet, det återupprättade Romarriket i 10-statsförbundets gestalt, d.v.s. EU:s 10 starkaste länder, dess "hårda kärna", eller "A-lag". Dessa 10 <u>ska</u> ha varit med i det antika Romarriket. (Antagligen är det samma 10 länder som var med i EU:s militära gren, VEU.) Angående *"hav"* se 12:12, 15:2 text.

10 horn = 10 kungar enligt 17:12,

sju huvuden = tre olika betydelser: Rom med dess 7 kullar, 7 hädiska namn (12:3 text) och/eller 7 antisemitiska och hädiska världsvälden: Egypten (2 Mos 1:9-22, 12:12), Assyrien (Jes 37:4), Babylonien (Dan 4:27-29), Medo-Persien (Dan 10:20) och Javan d.v.s. Grekland under Alexander den store, (Dan 10:20) var de 5 huvuden som varit. Romarriket = det 6:e huvudet på drakens kropp. Det sjunde huvudet är tiostatsförbundet, EU i dess diktatoriska fas, vedermödsriket.

På sina 10 horn hade det 10 kronor = de 10 kungar som i 17:12 kröns med satanisk makt att regera, i och med att de i EU-integrationens namn avskaffat de av Gud givna nationsgränserna till skydd mot en världsdiktator! Se Apg. 17:26, 1 Mos 11:8.

13:2 **panter** = Grekland enligt Dan 2:31-39, 7:3-8, 8:5-8, 20-22 (Javan = Grekland).

fötter som en björn = Medien/Persien (Irak/Iran) enligt Dan 7:5, 8:20.

gap som ett lejon = Babylon enligt Dan 7:4. Dessa tre hädiska världsvälden föregick romarriket men i omvänd ordning (Babylon, Medo-Persien, Grekland), se Dan 7:17. (Daniel såg dem komma, Johannes såg dem som passerade). Vilddjursriket ska alltså karaktäriseras av "panterns" (Alexander den Stores) exempellöst snabba erövringar av (Syrien, Assyrien, Persien m.fl.) länder. Jämför EU:s allt snabbare integrationstakt, utvidgningar och militära upprustning! Vilddjursrikets björnfötter symboliserar den militära styrka, råhet och hänsynslöshet som kännetecknade dubbelmonarkin Medien-Persien. Jämför Iraks grymheter i Kuwait och Kurdistan under Saddam Hussein och nu med Islamiska staten! Dan 7:7, 19-24 säger att Vilddjursriket ska *"uppsluka och krossa hela jorden, sedan ska det trampa under fötterna vad som blev kvar."* Detta möjliggörs av dagens högteknologiska vapensystem och eldkraft inom Nato och EU:s kommande armé.

Vilddjursrikets babyloniska lejon-gap talar om dess religiösa karaktär. För enligt 13:5f + Dan 7:8, 25 ska djuret "*föra hädiskt tal mot Gud*". Babylon är ju "*moder till alla skökor* (falska religioner) *och styggelser*" (avgudar/bilder) enligt 17:5.

draken gav det sin makt = slutprodukten av människans Gudlösa historia kommer att vara ett världsvälde med satanisk, ockult makt.

och sin tron = rikets huvudstad kommer att bli Berlin där "*Satans tron*" d.v.s. Pergamons Zeus-altare står i sitt eget museum! Se min text vid 2:13!

"Tyskland lägger 900 miljoner kronor på att restaurera nazisternas arena för propaganda i Nürnberg, rapporterar Sveriges Radios Kulturnytt, 10/6 2019. I en gigantisk arena i Nürnberg i Tyskland brukade Hitler agitera inför stora folkmassor. Arenan stod kvar efter kriget men är i dag förfallen och farlig att röra sig i på grund av sprickande fasader och nedfallande stenplattor. Enligt Nürnbergs kulturråd är det viktigt att kunna besöka skådeplatsen för nazisternas propaganda-apparat i originaltillstånd. (Varför det? min anmärkning O.A.) Nu inleds en renovering av arenan som beräknas ta 12 år och kosta motsvarande 900 miljoner kronor!" År 2032 är alltså **"Satans tron"** åter redo att användas av någon, nämligen Antikrist! Hitlers riksarkitekt Albert Speer valde medvetet Zeusaltaret som förebild när han ritade sin Führers talartribun. Googla bilder på Pergamon museum!

stor myndighet = Vilddjursriket ska "*krossa och uppsluka hela jorden*" enligt Dan 7:23 och enligt Upp 13:7 "*få makt över alla stammar, folk, språk, och folkslag*". En världsregeringsdiktatur behövs för det. **Luk 4:5-7!** Detta är också vad påven och Vatikanen var helt inriktade på att få tillstånd till år 2000 "som en födelsedagspresent till Jesus"! Det är bara att läsa innantill i jesuiten och professorn Malachi Martins bok "*The keys of this blood*", Touchstones förlag. Däri sägs att att påven ser sig själv som det ledande ljuset i utformningen av en världsomfattande ekonomisk struktur. Påven ser sig själv vara utsedd av jungfru Maria att leda en ny världsordning och grunda ett system med globalt styre, ett religiöst- och politiskt system. Politikerna tar honom på allvar. Påven har redan börjat förhandla med många av dem och kommit fram till överenskommelser på viktiga områden. Största delen av hans verk sker i hemlighet, men han arbetar ständigt på att utöka sitt enorma inflytande!

13:3 **ett av dess huvuden** = det 6:e (se 12:3 text) Romarriket, blev på 400-talet e.Kr…

sårat till döds, men i EU:s form har dess…

dödssår blivit läkt. Antikens Romarrike = järnbenen i Dan 2:33 och 40. Men det återuppståndna "Romarriket" EU, = järn och lerfötterna i Dan 2:33 och 41-43. Samma förhållande råder mellan Dan 7:7 och 19 resp 7:8 och 20f, samt 7:23 och 7:24f. Östromerska riket gick under 1453. Även det västromerska riket fortsatte i formen av det tysk-romerska riket som varade mellan 962 - 1806. Dessutom har den romerska riksidén och den romerska kulturen fortsatt oavbrutet sedan dess. Den romerska förvaltningen fortlevde i den romerska kyrkan. Kyrkoprovinserna sammanföll med statens provinser. Rom, världsrikets huvudstad blev världskyrkans huvudstad. Det romerska språket, latin, fortlevde i kyrkospråket, och är ännu idag levande som internationellt språk inom juridik, medicin och naturvetenskap. Den romerska rätten fortlevde i lagstiftningen. "Corpus juris Romanum" och blev grundval för lagstiftningen hos romerska och germanska folk hela medeltiden igenom och långt in i den nyare tiden. Det romerska militärväsendet fortlevde i militarismen. Det blev mönster för ordnandet av Västerlandets krigsrustningar och försvarsmakt. Ännu idag använder vi latinska ord som kapten, major, general, bataljon, regemente, armé, infanteri, artilleri och kavalleri. "Kejsare" har härskarna kallats i Mellan-Europa, "tsar" i Öst- och Syd-Europa, efter romaren Julius Caesar (1:a årh. f.Kr). Det var det ovan nämnda "Heliga romerska riket av tyska nationen" som upprätthöll detta sammanhang i hög grad genom århundradena.

Kyrkans 2000-åriga period har konsekvent utelämnats i det profetiska ordet i GT, därför att den inte ingår i Guds rådslut vad gäller Israel som nation. Det förhållandet kallar Paulus för "Kristi hemlighet." Därför följs i det profetiska ordet, "det fjärde djuret/riket" (antikens Romarrike) direkt av 10-statsförbundet, (nutidens Romarrike/EU). Eller i klartext: "Gud har makt att styrka er genom mitt evangelium och förkunnelsen om Jesus Kristus. Han har avslöjat den hemlighet som i oändliga tider varit dold, men som nu har uppenbarats och gjorts känd genom profetiska Skrifter på den evige Gudens befallning för att föra alla folk till trons lydnad." Rom 16:25-26. Paulus förtydligar det i Ef. 3:3-7 "Genom en uppenbarelse fick jag lära känna den hemlighet som jag redan i korthet har beskrivit (i Ef 2:11-19). När ni läser detta kan ni förstå min insikt i Kristi hemlighet. I forna generationer var den inte känd för människor så som den nu har uppenbarats genom Anden för hans heliga apostlar och profeter: att hedningarna har samma arv som vi, tillhör samma kropp och har del i samma löfte i Kristus Jesus genom evangeliet. Detta evangelium har jag blivit satt att tjäna med den gåva och nåd som Gud har gett mig genom sin mäktiga kraft."

hela jorden kommer sannerligen att …

se med förundran på vilddjuret när EU har utvecklats färdigt: ekonomiskt (Euro som enda världsvaluta efter Dollarns- och YUAN/RENMINBI:s död), militärt (500 miljoner invånare rustade till tänderna, tänderna av järn i Dan 7:7, vilka är när EU:s armé övertar NATO:s roll. Joel 3:9-11 talar om en global kapprustning i den sista tiden), politiskt (överstatlighetens världsregeringsmöjligheter) och andligt (en enda obligatorisk "kosmisk" minsta-gemensamma-nämnare-religion med starka ockulta inslag, 13:13f) d.v.s. Krislam!

13:4 de tillbad draken = David Spangler, New Age-religionernas "överstepräst" talar om att människan måste genomgå en "luciferisk initiation", d.v.s. en invigning åt Lucifer (Satan), innan den Nya Tidsåldern kan etableras.
de tillbad också vilddjuret = man kan inte tillbe en statsbildning, men däremot efter att riket har....

13:5 fått sig en mun given som talade stora ord och vad hädiskt var = profetians bildspråk djupnar i denna vers så att symbolen vilddjur nu även betyder en människa, Antikrist, Dan 7:8, 11, 20.
fick makt att göra så i 42 månader = Herren Gud Allsmäktig har utmätt tiden för Draken och hans son. Kungars Kung är på tronen, inte Djävulen eller Antikrist, Dan 2:21.

13:6 de som bor i himlen = i och med att den 1:a uppståndelsen sker i etapper enligt 1 Kor 15:22f och som jag tidigare förklarat vid 12:5, handlar det i 13:6 om de 144000 judeförstlingar som "*rycktes upp till Gud och hans tron*" i 12:5.

13:7 fick makt att föra krig = "*all makt på jorden är given ifrån ovan*", säger Jesus i Joh 19:11, enligt Guds eviga syften.
mot de heliga = "*de övriga* (judar) *av hennes* (Israels) *säd*" enligt 12:17 och 7:9, 14.
och att övervinna dem = Dan 12:7, 7:25.
makt över alla stammar, folk, språk och folkslag = världsregerings diktatur.

13:8 alla jordens inbyggare ska tillbe det = all falsk religion samlas i vilddjurstillbedjan, medan alla som

42

har sitt namn från världens begynnelse skrivet i livets bok tillber den ende sanne levande Guden. Formuleringen - *att ha sitt namn från världens begynnelse skrivet i livets bok* - betyder inte att somliga är predestinerade (förutbestämda) till frälsning medan andra är predestinerade till helvetet. Uttrycket syftar istället på den tidlösa evighetsdimension som Gud lever och verkar i, jämfört med vår tidsbundna. Se 2:1 text. Gud skrev in mitt namn i livets bok vid världens begynnelse, därför att Han i sin tidlösa existens visste att jag skulle bekänna Jesus som min försonare 5980 år senare! Uttrycket vill även säga hur klippfast förankrat och giltigt frälsningen och det eviga livet är.

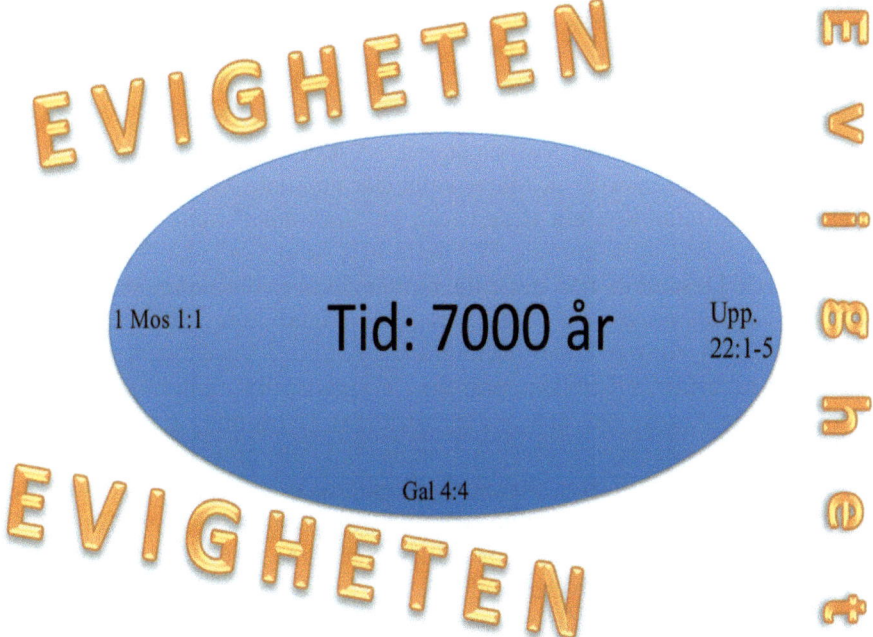

13:10 Versen talar om för de heliga, judarna (17:6, Ef 2:19, Rom 15:25-27) att inte ta saken i egna händer och strida med vanliga vapen som de tidigare alltid gjort, utan tvärtom visa ståndaktighet och tro på att Gud har allt i sin hand. För dessa judekristna gäller nu Rom 12:19.

13:11 **ett annat vilddjur stiga upp ur jorden** = den falske profeten. "*ur jorden*" kan också översättas "ur landet" d.v.s. Israel. Med tanke på att Jerusalem ska komma att "*andligen kallas Sodom och Egypten*" enligt 11:8, är det möjligt att Antikrists religiöse PR-man väljer att uppenbara sig först i

Jerusalem, d.v.s. i Landet. Den sataniska treenigheten (16:13) fullbordas med denna vers: Draken, Antikrist och den falske Profeten.

stiga upp ur jorden = den helige Ande kommer ovanifrån, däremot kommer Antikrists ande (den falske Profeten) *"nedanifrån, från jorden, de onda andarnas tillhåll"* enligtig Jak 3:15.

Att den falske profeten stiger upp ur jorden, är en symbolbild som bygger på Daniels bok, (liksom mycket annat i Uppenbarelseboken). I Dan 7:8 nämns att *"ett litet horn sköt upp, mellan de 10 hornen"*. De 10 hornen är som tidigare nämnts de 10 starkaste EU länderna som blir kvar efter att EU indelats i ett A- och B lag. Skriften liknar alltså dessa tio nationer vid 10 horn. Mellan dem skjuter *"ett annat horn upp, ett litet"*. Alltså måste även det lilla hornet vara en nation, en stat, annars blir Bibelns symbolspråk inkonsekvent. Vilka stater kan då komma ifråga? Studerar man en Europakarta ser man att Vatikanstaten, Andorra, Liechtenstein, Malta, Monaco och San Marino är de stater valet står emellan. Men naturligtvis kan endast Vatikanstaten komma ifråga som ett *"litet horn"* som ligger *"mellan dem"*, de 10 andra stora hornen. För detta lilla horn ska orka *"stöta bort tre andra horn"*. Dessutom har det lilla hornet *"ögon som människoögon och mun som talar stora ord"*. Hornets ögon talar om all den hemliga information som samlats under århundraden av bikt, i Vatikanstatens enorma underjordiska arkiv! (Katolska prästers "tystnadsplikt" gäller inte uppåt i kyrkohierarkin, vad de än säger officiellt i denna fråga!). Denna biktinformation används i förekommande fall till utpressning eller som medel till att tysta farliga kritiker, presumtiva avhoppare, o.s.v. Men framförallt används denna källa till exklusiv information för att hålla katolska kyrkan kvar vid maktens köttgrytor. Att hornet talar *"stora ord"* bekräftar Vatikanstatens överhuvud bäst själv, med att kalla sig Jesu Kristi Vikarie, Kyrkans Huvud, Överherde, hävda sig vara "ofelbar i lärofrågor" o.s.v.

två horn lika ett lamms = en falsk Jesusgestalt med bara två horn jämfört med Guds lamm som har 7 horn enligt 5:6!

det talade som en drake = trots sitt kristna yttre attribut (lammhornen), talar alltså denna människa *"onda andars läror"*, 1 Tim 4:1. Se även 2 Kor 11:13-15! Vem är då den falske Profeten? I en mycket stark profetisk dröm, där jag såg en svart orm ringla fram över en död man (som sades mig vara USA, knivstucken av sin hustru, som sades mig vara Ryssland med dess kommunistiska militärer) Ormen stack in sin tudelade tunga i mannens näsa, (jämför 1 Mos 2:7), och jag frågade "Vem är ormen?" En röst svarade mig -

44

"Påven". En kort tid efter denna dröm fick jag i min hand en artikel av Lars Widerberg ur Hemmets Vän 1/3-90 som gav mig mera ljus över att en påve kommer att vara den falske Profeten. Artikeln handlar om de strävanden som görs av katolska kyrkan, New Age-rörelsen, Dalai Lama och FN att slå samman alla världens religioner till en enda ny "kosmisk religion", (Krislam) med påven som dess samlande kraft och ledare. Tänk också på den världsbönedag för fred som just påven sammankallade till i oktober 1986, där representanter för världens 12 stora religioner var samlade och bad tillsammans. Jämför 1 Kor 10:20, Ps 96:5, 5 Mos 32:16f. Framför allt avslöjar Andra Vatikankonciliets slutdokument från 1965, den katolska kyrkans helomvändning vad gäller synen på andra religioner. Däri sägs att alla hednareligioner är sanna och leder mot samma mål som kristendomen! Speciellt mystiken inom alla ickebibliska religioner uppskattas mycket av Vatikanen sedan 1965. Läs gärna Ps 16:4, 2 Mos 22:20, 23:13, 24f och 32f angående Guds syn på religionsblandning/ekumenik!

Ett 9-dagars "parlament för världsreligionerna" hölls i Indien och i Chicago, augusti 1993, där hinduer, buddhister, muslimer, ljumma kristna, shamaner, häxdoktorer, New Age-are m.fl. enades om en gemensam trosplattform! Spektaklet drevs hårt av pro-New Age grupper som: International Association for Religious Freedom, Temple of Understanding, World Conference of Religion and Peace, och World Congress of Faiths. Kyrkornas Världsråd uppmanar sina medlemskyrkor att delta! ("*Dra ut ifrån henne ni mitt folk, så att ni inte gör er delaktiga i hennes synder*" Upp. 18:4)

Många har tidigare slagit fast att påveämbetet är Antikrist, men då har man inte skilt på Antikrist som den politiske ledaren, respektive den falske Profeten som den andlige ledaren inom den sataniska treenigheten. Den falske Profeten uppträder i profetämbetet, som ju är ett andligt ämbete, vilket stämmer överens med påveämbetet som inte är politiskt i första hand. Att påven är den falske profeten är ingen ny åsikt/insikt. T.ex. hävdade EFS-teologen Peter Fjellstedt det i sin "Bibeln med förklaringar, III".

13:12 **utövar det 1:a vilddjurets hela myndighet i dess åsyn** = påven kommer att få en otrolig maktposition inom det återupprättade romarriket, samtidigt som han kommer att vara Antikrists högra hand och religiöse PR-man. (Låt varna er av utvecklingen i Polen sedan kommunistregimen störtats. Katolska kyrkan kör över parlamentet, diskriminerar protestantiska kristna värre än vad den ateistiska regimen gjorde, tvingar igenom abort- och preventivmedelsförbud utan lagstiftning, o.s.v.) Påvens "kosmiska religion"

(Krislam) kommer att förklaras vara obligatorisk och enda lagliga religionen i världsfredens-, klimatförändringarnas- och miljöns namn. Det 1:a tydliga steget mot påvens utveckling till den falske Profeten, kommer då påven avskaffar sina kardinaler, har Guds Ande uppenbarat för mig.

tillbe det 1:a vilddjuret = ofrälsta människor luras av den falske Profeten att tillbe Antikrist som "världens frälsare".

Ingen vet än vem Antikrist är. Men vad sägs om en politiker med alla dessa förnamn: Gud med oss, Gåva från Gud, Vem är som Gud, Fredsprins, och med efternamnet: Långt märke. Ja, han heter så: Emmanuel Jean Michel Frederik Macron! Ytterligare en besvärande likhet med den onde kungen från Nordlandet i Daniel 11:37 är att han är barnlös. *"Han kommer inte att visa någon aktning för det som är kvinnors lust."* (Ordagrant enligt den hebreiska texten.) När jag läste detta bibelställe nyligen så slog det mig att *"kvinnors lust"* är ju att bli gravida, föda barn, amma barn, bli förälder. Allt detta har Mr Macron visat att han *"inte aktar på"*, eller värdesätter.

vars dödssår blev läkt = Symbolordet vilddjur har som tidigare sagts, en dubbel innebörd: rike och rikets ledare. I och med att man inte kan tillbe en stat måste det här handla om dess ledare, Antikrist. Tydligen ska också personen Vilddjuret, återuppstå från de döda, vilket även 11:7 och 13:14 talar om.

13:13 stora tecken = När påven genomgått sin luciferiska invigning kommer han att kunna "bevisa" sina maktanspråk och sin nya obibliska "teologi" med *"lögnens alla kraftgärningar och tecken och under och orättfärdighetens alla bedrägliga konster för att bedra dem som går förlorade, till straff därför att de inte gav kärleken till sanningen rum"*, enligt 2 Tess 2:9-12.

eld falla ned från himmelen = Matt 24:24, 5 Mos 13:1-5, jämför 2 Kon 1:9-12. Den falske Profeten imiterar alltså pingstens eld från himmelen i Apg 2:2f vilket sannolikt innebär ett falskt "andedop". I praktiken blir det ett dop i villfarelsens- och Antikrists ande!

13:14 jordens inbyggare = samma uttryck som nämns i löftet till alla "Filadelfia"-kristna i 3:10. Dessa två verser handlar om samma tid.

sårat med svärd = Antikrist ska dö, men återuppstå. Se 11:7-text.

13:15 det fick makt = det 2:a vilddjuret, den falske Profeten får ockult, satanisk makt att…

ge ande åt vilddjurets bild = med den datorteknologi som just nu utvecklas för den 5:e generationens datorer, vilken går ut på att förena biologiskt material med kisel (organiskt + oorganiskt material), s.k. bio-chips, neuroner, eller DNA-chips, blir det möjligt att inblåsa livsande i dessa integrerade kretsar! Detta gör att vilddjurets bild...

till och med kunde tala och låta döda alla som inte tillbad vilddjurets bild = en talande, dödande avgudabild, 3-dimensionell ikon med maximal vetenskaplig datorkapacitet (Artificiell Intelligens, AI) + maximal svart magi, ockult och "esoterisk" kunskap och övernaturlig, demonsik kraft!

13:16 det förmår alla att ta emot ett märke = den falske profetens oerhörda religiösa makt att manipulera och diktera villkoren.

på högra handen eller på pannan = bank- och datorindustrin samarbetar sedan länge för att få fram det slutgiltiga betalmedlet, som inte går att stjäla, förfalska eller mygla med. Olika varianter av kroppsidentifikation vid köp- och sälj transaktioner finns redan som prototyper.

13:17 = Efter Dollarns död kommer Euro som digital världsvaluta att i sin tur föregå det kontantlösa samhällets obligatoriska genomförande med enbart en (1) digital valuta!

märkt med vilddjurets namn: jämför 22:4.

13:18 vara vis = Jak 1:5 + 3:17, Dan 5:11f + 2:23.

betydelsen av vilddjurets tal = alltför många spekulationer har gjorts angående vem talet 666 åsyftar. Men det står inte att den som har förstånd han må räkna ut vem som har vilddjurets tal, utan det står betydelsen av talet. Ledtråden som ges är:

det är en människas tal. Skriftens fördolda budskap i dessa sifferuppgifter är att människans tal är 6, därför att hon skapades på den 6:e dagen. Hon är "*nästintill ett gudaväsen*" enligt Psalm 8:6, m.a.o. siffran före Guds siffra som är 7. När därför vilddjurets tal som "*är en människas tal*" sägs vara 666, betyder det den sekulära människans tal, vilket av hinduer, New age-are m.fl. ses som ett "heligt tal", för de tror att "människan i sig själv är gudomlig". Detta gudlöshetens antikristliga nummer har man redan satt på alla varor (EAN-koden styrs av tre sexor, de längre streckparen i början, mittan och i slutet av koden, som inte hår någon siffra under sig), företagslogotyper, myndighetssymboler, o.s.v. 666 = den med Gud oförsonade människan, i kubik! Det närmaste vi kan komma angående vem Vilddjuret är återfinns i Daniel 9:26-27 som pekar på att det är det återupprättade romarrikets "*furste*". "*Han*" i vers 27 syftar på det

47

anryckande folkets furste i vers 26, som var Romarrikets Titus. (Mellan vers 26 och 27 ligger Guds hemlighet, församlingens tidsålder. Gamla Testamentets profetior hoppar alltid över Kyrkans tidsålder på jorden, som tidigare förklarats vid 13:3, vid "Kyrkans 2000-åriga period".) Andra bibelrum som definierar Vilddjuret = 1 Joh 2:18-22, 4:1-6. Se även 4:1 text.

KAPITEL 14

14:1 **Sions berg** = "den levande Gudens stad, det himmelska Jerusalem" enligt Hebr 12:22 + Joel 2:31f.
Lammets och dess Faders namn skrivna på sina pannor = 7:3.

14:2 **bruset av stora vatten** = 19:5f.
harpospelare = 2 Kon 3:15 d.v.s. att lovsång och musik är helt igenom inspirerad av Guds Ande, inga världsliga influenser.

14:3 **en ny sång** = 5:9f,
friköpta från jorden = uppryckta till himlen. Friköpta från sin synd är inte det samma som att bli friköpta från jorden. Friköpta från sin synd blev dessa i 7:3.

14:4 **inte orenat sig med kvinnor** = Äktenskap orenar ej människan, se 1 Kor 7:28, Matt 19:4-6. De är inte jungfrur, de är SÅSOM jungfrur. De "kvinnor" de ej orenat sig med är Skökan Babylon och hennes döttrar i 17:1--18:24, resp Isebel i 2:20-23.
friköpta från människorna = uppryckta till Gud och hans tron i 12:5.
förstling åt Gud = Guds andliga lagar återfinns alla i det naturliga, i skapelsen. "Lär inte själva naturen er att...." 1 Kor 11:14. De frukter som mognar först är alltid godast, bäst och dyrbarast, Jer 24:2. Därför kallas dessa 144000 judar (inget symboliskt tal enbart!) en förstling av skörden. Jämför 3 Mos 23:10 + Jak 1:18 + v.1!

14:5 **ingen lögn i deras mun** = dessa judar har aldrig anammat någon lögnaktig teologi från Skökan Babylon eller någon av hennes avfälliga dotterskökor och styggelser i 17:5. Därför har de en fullkomlig förståelse för *"Summan av Guds ord,* (som) *är sanning"*, Ps 119:160. De är att likna vid "Paulusar" allihop! Sef 3:13.

48

14:6 = Änglahjälp med att nå de drygt 3-4 miljarder människor som idag ännu inte har ens hört talas om Jesus och Guds nåds evangelium. Här slutuppfylls Matt 24:14.

14:7 = Motsatsen till den falska krislam-religion som vid denna tid är obligatorisk på jorden. (Den ende sanne levande personlige Guden och hans Son är "avskaffad", likaså domedagen. Man tillber en människa och skapelsen [9:20] istället för Skaparen.) Men över allt detta ska nu Gud... **hålla dom** säger versen. Alla hans domar är "*rätta och rättfärdiga*" enligt 16:7.4:8 = Kap 18.

14:9-11 = Eftersom "*Gud vill att alla människor ska bli frälsta och komma till kunskap om sanningen*", 1 Tim 2:4, sänder Han ut denna predikoängel som en sista varning i samband med den falske Profetens påbud i 13:16f. För det andra vilddjurets order innebär eviga konsekvenser! Människans **panna** är nämligen reserverad för Guds namn enligt 22:4. Är pannan redan upptagen med **vilddjurets märke** kan det inte bli någon frälsning för den personen.

14:12 **de heliga** = judar som både...
håller Guds bud <u>och</u> bevarar tron på Jesus. Rom 11:13-16, 25-32.
ståndaktighet = bara de som lärt känna Guds trofasthet, omsorg, allsmäktighet, och hans "*många stora och mycket dyrbar löften*", förmår vara ståndaktig mot den falske profetens hot om svält och ekonomisk bojkott av dem som inte vill märka sig med vilddjurets tal. (I detta sammanhang är det viktigt förstå att utan en förtröstan/tro [synonymt i grekiska och hebreiska] på Guds försörjningslöften, t.ex. Psalm 23 och Hebr 13:5, är det omöjligt att vara ståndaktig mot Antikrists ekonomiska bojkott. Därför är trosförkunnelse så oerhört viktig och profetiskt riktig! Jag menar inte framgångsteologi eller Livets Ords förkunnelse i allmänhet, utan att "*äga trons hemlighet i ett rent samvete*" 1 Tim 3:9, och att likt församlingen i Tessaloniki "*mäktigt växa till i tro*" 2 Tess 1:3.) Jämför Esaus varnande exempel i 1 Mos 25:29-34!

14:13 = Löfte om martyrskapets speciella välsignelser, Hebr 11:35, Jes 57:2.

14:14 **människoson** = Jesus, 1:13, Dan 7:13.

14:15 **skördetiden är kommen** = tidens ände enligt Matt 13:39.

14:16 = Matt 13:24-30 + 36-43, där den goda säden är hednakristna. Se texten vid 12:5.

14:18 **druvklasarna ... är fullmogna** = hednafolkens ofrälsta är "*mogna till undergång, jag ska inte ytterligare en gång skona dem*" enligt Amos 8:1f + Joel 3:13
vinträden på jorden = hednanationerna, Luk 21:29.

14:19 **Guds vredes stora vinpress** = 19:15-21, 17:14 + Jes 63:1-6.
14:20 **utanför staden** = utanför Jerusalem, Josafats dal, Harmagedon strax söder om Nasaret.
blodet steg ända upp till betslen på hästarna = Enligt Time 30/1-89 ryms världens då 5 miljarder människors blod i en kub med sidomått 261 meter. Om Central Park i New York fick väggar runt om skulle samma mängd blod räcka 6 meter upp.
på en sträcka av 1600 stadier = 29,6 mil! Antagligen är detta en talmystiksiffra med betydelsen 4 x 400 stadier = de fyra väderstrecken gånger skapelsens och världens tal (4) mångfalt. D.v.s.en världsvid total domsakt.

KAPITEL 15

15:1 **7 sista plågor** = Det 7:e inseglet indelas i de 7 basunerna, varav den 7:e basunen i sin tur indelas i de 7 vredesskålarna, de 7 sista plågorna.

15:2 **glashav** = Enligt Jes 57:20 är "*de ogudaktiga som ett upprört hav*". Jafets avkomma kallas "*hedningarnas havsländer*" i 1 Mos 10:5 + Hes 39:6 och Jes 60:9. Glashavet i himmelen symboliserar alltså hednavärldens kristna som har "*trons lydnad*" upprättad i sig enligt Rom 1:5. Glas är ju ett stilla, vilande material, Hebr 4:9f.
blandat med eld = mörkret i "*havsdjupet*" är borta tack vare Andens eld.
dem som vunnit seger över vilddjuret med dess bild och dess namns tal = huvudskörden av judar, 14:12f.
stå vid glashavet = judekristna och hednakristna står sida vid sida, i "*en hjord med en Herde*" enligt Joh 10:16. Ef 2:11-22.

15:3 **de sjöng Moses ...och Lammets sång** = tecknet på att det är frälsta, pånyttfödda judar.

15:5 = 11:19 + text.

15:8 **rök** = dom, Jes 6:4-7, Klag 3:39-44, Ps 18:8f.
ingen kunde gå in i templet förrän de 7 änglarnas 7 plågor hade nått sin fullbordan = ingen förbön hjälper längre, som i fallet med Sodom och Gomorra 1 Mos 18:23-33. Vredesdomar är ovillkorliga. Alla frälsbara har blivit räddade. Nu återstår bara dom. Nådatiden är slut.

KAPITEL 16

16:1 = Jer 10:25

16:2 **jorden** = Jes 51:6, Sef 3:8. (2 Mos 9:8-11)

16:3 **havet förvandlat till blod, likt blodet av en död människa** = Vissa arter av alger som blommar p.g.a. rubbningarna i ekosystemets balans, förvandlar hela innanhav och sjöar till en röd stillastående massa. Kanske handlar det om att Gud helt plötsligt upphör med att hålla tillbaka de sammantagna, totala konsekvenserna av människans miljöbrott, så att det fyllda syndamåttets (1 Mos 15:16) lön (Rom 6:23a) betalas ut på en gång! Liksom de heligas böner når ända fram till nådens tron i det himmelska allra heligaste, 8:4, så fyller de ogudaktigas synder änglarnas vredesskålar tills måttet är rågat.
alla levande varelser i havet dog = endast 1/3 av desamma dog i 8:8f, här dör återstoden. Alltså kan inte basunerna vara samma sak som vredesskålarna, fast sedda från himlen, som vissa förkunnar.

16:4 **strömmar och vattenkällor** = sötvattnet som blev kvar efter det att i 8:10f den första 3:e delen därav förvandlats till blod, går här samma öde tillmötes.

16:5-6 = svaret på martyrernas fråga i 6:10.

16:7 **altaret säga** = 6:9.

16:8 **solen fick makt att bränna människorna som med eld** = innan solen släcks i 6:12, töms den här på sin energi! Jes 24:1-6.

16:9 **gjorde inte bättring, gav inte Gud ära** = syftet med alla Guds domar över våra liv, kristna som icke-kristna, är omvändelse, bättring och att vi börjar ära Gud för den han är, har gjort och gör.

51

16:10 **vilddjurets tron** = Enligt 2 Tess 2:4 ska *"den Laglöse sätta sig i Guds tempel"*, (ett i Jerusale nytt tempel).

dess rike förmörkat = *"Det sanna ljuset, det som lyser över alla människor"* enligt Joh 1:9, drar sig tillbaka från de 666-märkta människorna, så att de i sitt därmed andliga/själsliga mörker...
bet sönder sina tungor i sin vånda. Jämför 2 Mos 10:21-23.

16:12 **Eufrats vatten torkade ut** = Sakarja 10:11 nämner samma händelse med orden *"Assurs* (Iraks) *stolthet ska brytas ned"*. Historiens Gud har gett oss en historisk förebild till Eufrats uttorkande i Jes 44:27 och Jer 50:38. Denna video visar orsakerna till att detta kan ske:

www.youtube.com/watch?v=_c7AuSQdvow

österns konungar = *"konungarna från solens uppgång"*, står det ordagrant. Japans flagga symboliserar solens uppgång. Säkert menas också Kina och Indien. Denna vers hör samman med 9:14-16.

16:13 **tre orena andar** = Johan Hagner, som tidigare varit EFS:s missionssekreterare, hävdar i sin skrift "Harmagedon, eller Vad ska ske?", att dessa tre orena andar ...
ur drakens, vilddjurets och den falske profetens mun, är österns konungars religioner, d.v.s. buddhism, hinduism och islam, som erfar en "väckelse" i Skördetiden. Det stämmer bra med vad Jesus säger i liknelsens form i Matt 13:30, 38-42, och med tidens tecken. Buddhisten Dalai Lama får Nobels fredspris (men inte Frälsningsarmén, som var nominerad!) och våra svenska biskopar välsignar en buddhistisk "helgedom" i Sverige vid dess invigningsceremoni! Hinduismens reinkarnationslära omfattas av samtliga nyandliga rörelser över hela världen, och islam stormar fram med fundamentalistisk "väckelse" från Nordafrika till Pakistan. Sammantaget handlar denna vers om att all falsk, ickebiblisk religion går samman mot den Ende, Sanne, Levande Gudens "religion".

16:14 = 17:14,19:19-21 + Dan 11:44.

16:15 = 1 Tess 5:1-6, Upp 3:3.

16:16 **Harmagedon** betyder *berg-Megiddo*, öster om Karmel, söder om Nasaret. Kallas även Josafats dal i Joel 3:2, 12-14. Även Sak 14:12f talar om Harmagedon. Jämför Mika 4:11-13.

16:17 **den 7:e tömde sin skål i luften** = Guds dom över *"fursten över luftens härsmakt"*, Ef 2:2 + 6:12.
Det är gjort = Med den 7:e vredesskålen är Guds vrede släckt. Därför är återstående domsprofetior en utförligare framställning av de föregående. Uppenbarelseboken är <u>inte</u> kronologisk.

16:18 **stor och våldsam jordbävning** = Jes 24:17-23.
16:19 **den stora staden** = kvinnan i kap 17, enligt 17:18, Rom enligt 17:9.
det stora Babylon = Rom och dess då underlydande länder och städer, d.v.s. världsregeringens globala Världssamfund, ekonomi, politik och religion. World Economic Forum och dess utopiska mål att år 2030 ha utrota all fattigdom, sjukdom och miljöförstöring (!), går hand i hand med FN:s agenda 2030.

16:20 = Jordbävningarnas jordbävning i 16:18 alstrar enorma tsunamivågor som dränker
öar, samtidigt som…
bergen plöjs ned i jorden! Sak 14:4f.

16:21 **centnertunga hagel** = 30-40 kg. Job 38:22f, Jos 10:11.

KAPITEL 17

17:1 **skökan** = motsatsen till Jesu brud, d.v.s. en avfallen f.d. kristen kyrka, Jes 1:21, Nah 3:4.
tronar vid stora vatten = *"folk, människor, folkslag och tungomål"* enligt 17:15 samt hednavärlden enligt Psalm 144:7. D.v.s en världsvid falsk kyrka. Jak 4:4f.

17:2 **hon som jordens kungar har bedrivit otukt med** = alltifrån den ofrälste Konstantin den store, till Hitler, Mussolini och Franco som alla slöt avtal med Vatikanen för att slippa påvens kritik! Kejsar Konstantin var ordförande på den då nylegaliserade kyrkans kyrkomöten! I utbyte mot hans frihetsedikt från år 313, som förbjöd förföljelsen av de kristna, fick han sista ordet vid kyrkomötenas beslut om vad som skulle vara den kristna kyrkans lära! Han döptes inte förrän på dödsbädden och hans tro på den romerska mytologins alla gudar kläddes i kristen dräkt. Istället för mytologins gudar tillbad han martyrer som fick överta skyddsrollen för olika områden i livet. Därav katolska kyrkans alla skyddshelgon. Mariadyrkan har sin grund i den romerska mytologins dyrkan av Venus med sitt barn Jupiter i sin famn, (jämför madonnabilderna med Jesusbarnet i famnen), o.s.v.

Medeltidens andliga mörker har sin grund i påvarnas (och den katolska hierarkins) andliga avfall från sanningen, hejdlösa maktanspråk och därmed världsliga inställning och leverne i de flesta avseenden. Så har det fortsatt, ända till våra dagar med katolska kyrkans konkordat (avtal) med Hitler, Mussolini och Franco, som gick ut på ömsesidigt undvikande av kritik av varandras förehavanden. Jämför Matt 5:13, Luk 3:19 och 1 Tim 3:15b! Senast horade hon med Gorbatjov som redan varit påvens gäst två gånger. Röda Arméns musikkår har spelat "Ave Maria" vid dessa besök! Ingen annan sovjetledare har någonsin besökt påven eller erkänt Vatikanstaten. Efter dessa besök talar Gorbatjov om samma saker som påven gör nuförtiden. Nämligen att alla religioner och all sorts andlighet behövs och att det finns en signal i andevärlden som vi måste meditera oss fram till. Signalen talar om fred och enhet i världen via religionsblandning. Se bl.a. SvD 26/1, 29/1-90 och Bill Stenbergs månadens kassett 12/90 och 2/91.
I DN 7/3-92 skrev Gorbatjov en krönika med rubrik "Påvens roll oerhörd viktig" vari det står bl.a. "Jag är övertygad om att Johannes Paulus II:s verksamhet är oerhört betydelsefull. Han är därtill en mycket stor personlighet: jag vill inte ta till överord, men jag har fått ett intryck av att det utgår en energi från honom som framkallar känslor av djup tillit hos hans omgivning. Nu när så väldiga förändringar inträffar i Europa, kommer han att spela en utomordentligt väsentlig politisk roll." Låt varna er! Skökan ska ju rida på det 10-horniga vilddjuret

otukts vin = andlig otukt, d.v.s. otrohet mot sin brudgum i form av dyrkan av andra gudar, Jer 3:6,9, 51:7, Nah 3:4. Vinet (kalken) är symbolen för det andliga innehållet i religionen ifråga. Luk 5:37-39, 22:20. Jämför 17:4b.
jordens innebyggare har druckit sig druckna = den katolska kyrkans andliga häxbrygd berusade folk till inkvisitionens miljonslakt av kristna och judar. Skökans "kosmiska religion" (Krislam) kommer att berusa än mer, så de tror sig göra gudstjänst när de dräper profeter och väckelsekristna under vedermödan, se Joh 16:2! Rent andligt sett så är samma religiösa ande verksam idag hos skökokristna, som hos Jesu andliga motståndare.

17:3 **bort till en öken** = *"gensträvighetens boplats"* Ps 68:7. *"Gensträvighet är trolldomssynd"* 1 Sam 15:23 + Nah 3:4.
en kvinna = skökan i 17:1 och *"Ogudaktigheten"* i Sak 5:5-11. Ogudaktigheten befinner sig i en sädesskäppa (korg) d.v.s. mitt i Skörden,

54

och under ett blylock, d.v.s. den tyngsta metallen krävs för att hålla hennes "*besvärjelsers starka kraft*" (Jes 47:9b) tillbaka. Två kvinnor kom och flög med korgen till Sinears land, d.v.s. kvinnoandar/feminism (Isebels- och Villfarelsens ande) kommer att vara starkt utgjuten under Skördetiden, tidens ände enligt Matt 13:39. Det är **nu** det!

Dessa gudinnereligioner "*har i sinnet att bygga ett hus åt henne*" = det hus och den öken som Jesus i Matt 24:26 varnar oss för att tro på skulle vara det ställe där Messias/Kristus ska återkomma till, vilket de falska profeterna hävdar enligt Matt 24:25. "*i Sinears land*", d.v.s. Babylon enligt Dan 1:1f och 1 Mos 11:2f, vilket i dag benämns Irak, och som till stor del är öken. "*när huset är färdigt ska hon där bli nedsatt på sin plats*". Restaureringen av Babel som började redan 1971 under Saddam Husseins ledning, blir snart klar. Då kommer all falsk religion att få sin speciella kultplats i Iraks Babel, med dess ockulta kraftlinjer i full funktion igen i dess alla avgudatempel. Där kommer den luciferiska invigningen att ske av påven, jesuiter, kardinaler, gurus, TM:are, sufister, mystiker, satanister, avfälliga ärkebiskopar, frimurare, tempelriddare, flumkristna, m.fl.

satt på = dominans, styre.
scharlakansrött = maximal synd, Jes 1:18-21.
vilddjur, fulltecknat med hädiska namn, det hade 7 huvuden och 10 horn = samma vilddjur som i 13:1, se förklaring. Hela versen 17:3 säger alltså att en falsk världsvid religion ska styra det politiska skeendet och makthavarna i det återuppståndna romarriket, EU i 10-statsförbundets diktatoriska, antikristliga fas i 3,5 år. (Skökan vädrar redan nu morgonluft. Därav påvekyrkans maktanspråk och burdusa framfart i Polen sedan 1989.)

EU kommer alltså att bli en katolsk stormakt i påvens ledband till att "kristna" hela världen med sitt falska maria-"evangelium". Följ noga med i EU:s kommande "harmonisering" av sin religionspolitik och påvens samarbeten med sunnimuslimska ledare för att införa Krislam!
Se denna video: http://www.youtube.com/watch?v=gsbzzs5B4G0&t=21s

17:4 **purpur** = en blandning av blått och rött, d.v.s. himmelskt och köttsligt, syndigt, 1 Mos 25:30. Purpur är en mycket vanlig färg inom katolska kyrkan, liksom…
scharlakan = blodskuld, Jes 1:18.
guld, ädla stenar och pärlor = påvekyrkans enorma rikedomar och konstskatter m.m. som snart kommer att mångdubblas då alla länders avfälliga kristenhet (de 5 oförståndiga jungfrurna) går samman med katolska

kyrkan. Bara från Sverige kommer Skökan att få hälften av de c:a 16 miljarder kr som Svenska Kyrkan äger i skog, fastigheter och aktier m.m. Detta kämpar UNITAS-rörelsen för inom Sv. Kyrkan, vilken vill dela statskyrkan i en påvetrogen och en fri hälft! Se National Geographics december-nummer 1985!

gyllene kalk = en guldbägare med det andliga vinet, innehållet i kvinnans religion, i en utåt sett, för det naturliga ögat, dyrbar, vacker t.o.m "helig" form! Denna guldbägare i kvinnans hand är naturligtvis påvekyrkans nattvardskalk. Nattvarden är ju symbolen framför alla andra när det gäller den kristna kyrkan och speciellt den katolska kyrkan. I varje mässa förekommer deras form av "nattvard". Men denna kalk är full av **styggelser** = avgudabilder, 5 Mos 7:25f, Jer 32:34, d.v.s. ikoner, reliker och statyer som tillbeds och kysses inom påvekyrkan och ortodoxa kyrkor.

otukts orenlighet = religionsblandningens värde i Guds ögon. (Förbjuder inte redan första budet, all form av religionsblandning/synkretism?) Time Magazine nr 47 1992 skrev om feministrörelsens inflytande i kyrkorna. I Chicago samlades katolska feminister till "nattvard". Ritualen löd: "Jag är en kvinna som ger födelse till mig själv, välsignat vare det som jag föder fram." Sedan delade de brödet och vinet. Ingen man fick vara närvarande och namnet Jesus uttalades inte. De har särskilda ritualer för att välsigna dem som gjort lesbisk debut, när en flicka fått sin första mens och när det är fullmåne. Deras nattavardsfirande är ett firande av kvinnlig sexualitet. Citat ur Kjell Sjöbergs nyhetsbrev 30/12 1992.

17:5 **på hennes panna var skrivet ett namn** = Romarrikets populäraste skökor hade sitt namn/smeknamn skrivet på ett guldpannband. Skökan kan inte själv läsa sitt av Gud givna namn, p.g.a. namnets placering. Men alla som ser på henne och kan läsa andlig skrift, vet vem hon är i Guds ögon.
Det stora Babylon = fullbordandet av det "lilla (forntida) Babylon", d.v.s. astrologins, trolldomens och mångguderiets stamort, i modern tappning, Rom, se 1 Petr 5:13 + 13:2 text.
moder till skökorna = efter 1200 års tid av statskyrka blev katolska kyrkan moder till alla de andra protestantiska statskyrkorna. (Angående protestantisk skökokristendom, läs kyrkoherde N.P. Wetterlunds böcker utgivna på Artos bokförlag och N.P. Wetterlunds Skriftkommitté.)
och styggelserna på jorden = Det 2:a Vatikankonciliets slutdokument från 1965 säger att alla hednareligioner är gudomliga uppenbarelsereligioner med samma mål som kristendomen! Skökan tog styggelsereligionerna i sitt sköte.

17:6 **drucken av de heligas blod** = 10.000-tals judars blod har Inkvisitionen på sitt samvete, liksom miljoner av ...

Jesu vittnens blod (Denna vers klargör tydligt att uttrycket "*de heliga*" betyder judar och "*Jesu vittnen*" betyder kristna. Versen syftar dock inte på Inkvisitionen i första hand utan på den kommande klappjakten på judar och bekännande väckelse-kristna. Obs! Inte förrän 1993 erkände Vatikanen Israel diplomatiskt, men har fortfarande inte gått med på att Jerusalem är Israels enda och odelbara huvudstad!)

17:8 **Vilddjuret...har varit** = det antika Romarriket, resp. en död kung, (se 17:9-11)

ska stiga upp ur avgrunden = återuppstå, se 11:7

går sedan i fördärvet = den 2:a döden, 20:14, 19:20.

jordens inbyggare ska förundra sig när de får se vilddjuret = Satans mästerverk: en kopia på Jesu uppståndelse från de döda, ska lura alla som inte har sina namn...

skrivna i livets bok. 13:3,8. Även det återuppståndna Romarriket, det färdigintegrerade EU kommer att "*förundra jordens inbyggare*".

17:9 **De 7 huvudena är 7 berg som kvinnan tronar på** = Roms sju kullar. Visserligen är även Amman, Bonn, Tokyo och Auckland på Nya Zeeland byggda på 7 kullar, men ingen av de städerna stämmer in på denna vers. Skökan ska ju "*trona*", ha sin huvudstad i den staden. Sedan länge är Rom fullproppad med avgudatempel, avgudastatyer, kultplatser med obrutna leylines (kraftfältslinjer) för de hednareligioner som templen och statyerna m.m. representerar, vilka inkluderade människooffer och rituella samlag m.fl. skändligheter. Pantheontemplet i Rom, helgat åt alla gudar på en gång (!) vittnar om att alla dessa religioners "*onda andars läror*" (1 Tim 4:1, 1 Kor 10:20) och dess upphovsman, Draken, har sin tron i Rom. Varför upprörs inte de italienska katolikerna, påven och Vatikanen över alla dessa avgudabilder som deras huvudstad är full av, på samma sätt som "*Paulus upprördes i sin ande, när han såg hur uppfylld staden* (Aten) *var av avgudabilder*" enligt Apg 17:16? Sist men inte minst återfinns Vatikanstaten i Rom. Den avfälliga religionsblandande skökans ministat med dess påvetron, i den "Eviga Staden" som Skökan behagar kalla Rom. Jerusalem kallas bara "den heliga staden" enligt Vatikanen. Är det då "Det Nya Rom" som kommer ned från himlen i Upp 21? EG/EU:s grundlag heter Romtraktaten, inte Brysseltraktaten, som man skulle kunna tro.

57

17:10 **de är också 7 kungar, varav 5 har fallit** = Julius Caesar, Tiberius, Caligula, Claudius (Titus), och Nero. **en är** = Domitianus, som regerade mellan år 81 - 96 e.Kr. då Uppenbarelseboken skrevs.
den återstående har ännu inte kommit = Antikrist, Vilddjuret själv, vilddjurrikets mun.
han ska bli kvar en liten tid = 3,5 år.
17:11 **Vilddjuret är självt den åttonde, dock en av de sju** = Antikrist ska alltså när han uppenbaras, först vara den sjunde kungen, sedan mördas/dödas och återuppstå som den 8:e kungen, som ändå är någon av de 7 första kungarna. Enligt Kinas apostel *Watchman Nee* är Antikrist en zombie-reinkarnerad Nero. Detta p.g.a. av att hans namns-och titels talvärde: Kaisar Neron = 666. 8 = återuppståndelsens tal i Bibeln.

17:12 **De 10 hornen är 10 kungar som ännu inte har kommit till makten** = det återupprättade Romarrikets 10 mest federalt sinnade, de ekonomiskt starkaste samt de mest katolska länderna och dess regeringschefer. Inga EU-länder som inte var med i antikens Romarrike, ryms här. Dan 2:41-44, 7:7, 20, 24. (Antagligen de 10 militärt starkaste EU-länderna.)

17:13 **dessa har ett och samma sinne** = de har genomgått "luciferisk initiation" i 16:13f.
de ger sin makt och myndighet åt vilddjuret = EU kommer att gå under av sina egna inre motsättningar, se Dan 2:43. När kollapsen skett ska "*efter dem uppstå en annan, som är olik de förra*" enligt Dan 7:24. Väl längst inne i EU:s återvändsgränd, finns inget annat alternativ än att ge all politisk, ekonomisk och militär "*makt och myndighet åt vilddjuret*". Han kommer nämligen inte att var en traditionell politiker, utan en som är totalt "*olik de förra*" och p.g.a. sin påstådda seger över dödens makt, ha satanisk kraft och visdom! Vid den tiden ser dessutom världen radikalt annorlunda ut än nu. Först och främst har då "*laglösheten förökats*" så till den milda grad att "*kärleken hos de flesta har kallnat*", Matt 24:12. Vidare har det 3:e världskriget (Hes 38-39) nyss utkämpats, det råder världssvält, kaos, ekonomisk- och ekologisk katastrof i världsmåttstock m.m. Det enda ställe på jorden som då fungerar normalt är den då helt upprättade kristna församlingen, utan allt vad ljumhet, religiositet, samfundsväsende och sekterism heter. I stället lever de sista kristna som de första kristna gjorde: i kärlek, glädje, frid, endräkt, gemenskap. Brödunder, mirakler och tecken är vardagsmat, egendomsgemenskapens klasslösa samhälle praktiseras av ett överflödande hjärta, o.s.v. Jämför Apg 2:42-47 + 4:29-35!

58

17:14 De ska ge sig i strid med Lammet = Det är fysiskt omöjligt att ge sig i strid med Jesus, som befinner sig i himmelen, men enligt Apg 9:1-5 identifierar sig Jesus till 100 % med sina lärjungar, sin kropp som Han är Huvudet på. Alltså kan versen handla om...
de kallade och utvalda och trogna som följer Lammet.
Alla hedningar är *"kallade"*, alla judar är *"utvalda"* men bara de förståndiga jungfrurna från dessa grupper är kallade/utvalda och *"trogna"*. Se Ps 105:6. För det är dessa som...
ska övervinna dem, därför att Lammet är herrarnas Herre och konungarnas Konung. Kriget innefattar säkerligen också s.k. andlig krigföring från båda håll. Dan 7:25-27.

17:15 = Katolska kyrkans världsvida utbredning och inflytande utgör basen för den kommande världsreligionen *Krislam*.

17:16 De 10 hornen och vilddjuret ska hata skökan = p.g.a. hennes omättliga självgodhet och lyxliv, ska de...
göra henne utblottad och naken och äta upp hennes kött och bränna upp henne i eld = 18:7f. Jämför 2 Kon 9:30-37! + 3 Mos 21:9. Antikrists läger utför Herrens dom över Skökan. Jämför Jes 37:26.

17:17 Gud har ingett dem i hjärtat att de ska utföra vad han har i sinnet = Jer 25:8f. Historiens Gud uppenbaras och förklarar sitt agerande. Det är inte så att Gud satt igång en process som sedan har fått utvecklas under 6000 år som den vill, för att i sista stund gripa in och göra ett slut på något som började löpa amok. Nej, Gud har satt upp tidsramarna och de stora hållpunkterna, Dan 2, + 7:12, mellan vilka vi får utöva vår fria vilja,
till dess Guds utsagor har fullbordats. Intressant nog nämner denna vers uttryckligen att Gud ska inspirera de 10 kungarna (hornen) att
ge sitt välde åt vilddjuret, så att Skökan får sin dom. De tio kungarna tillsammans förmår inte döma Skökan, utan måste ta hjälp av Antikrist!

17:18 Kvinnan är den stora staden = Rom enligt 16:19, och Jerusalem enligt 11:8,
som har konungsligt välde över jordens konungar = Världsregeringens huvudstäder. Liksom Babylon hade en religiös- och en ekonomisk huvudstad (Babel resp. Tyrus) kommer även det stora Babylon att ha flera huvudstäder: Rom, Berlin och Jerusalem (+ Babel som ockult vallfartsort).

59

KAPITEL 18

18:1 **jorden upplystes av hans härlighet** = allt andligt och fysiskt ljus togs bort i 16:10 resp 16:8f. Detta mörker kommer att vara lika tjockt som i Egypten vid Israels barns uttåg i 2 Mos 10:21-23, vilket gör kontrastverkan total när denna
ängel kom ned från himmelen = Jesus i Hes 43:2

18:2 **Fallet, fallet är det stora Babylon** = Världsregeringen kommer att bli en mycket stark, ekonomisk och religiös stormakt, att jämföra med det antika, "lilla" Babylon. World Economic Forum, WEF, är en bas för det stora Babylon.
vederstyggliga och orena fåglar = **orena och onda andar**, se Mark 4:4 + 14f.

18:3 **av hennes otukts vredesvin har alla folk druckit** = den kommande falska världsreligionen Krislam.
konungarna på jorden har bedrivit otukt med henne = överklass, adel och hov har alltid lierat sig med katolska kyrkan.
köpmännen har skaffat sig rikedomar genom hennes omåttliga vällust = koalitionen falsk religion och Mamondyrkan får renässanspåvarnas hov att blekna i jämförelse!

18:4 **en annan röst från himlen sa: Dra ut ifrån henne, ni mitt folk** = Kanske sammanfaller denna himmelsröst med den i Matt 25:6, för det handlar om att helga sig och göra sig redo för att möta Brudgummen, eller
få del i hennes (Skökans) **plågor.** Med det nya ljus Jesus kommer med i 18:1 ges en sista chans för ljumma namnkristna som blivit andligt förvillade, att helga sig eller att dömas. 4 Mos 16:24-26, Jes 48:20, 52:11, Jer 50:8, 51:6-9, 45, 2 Kor 6:14--7:1. I och med att Jesus säger "*Dra ut ifrån henne, ni mitt folk*" förstår vi att det är de kristna det handlar om samt att Skökan är en religiös företeelse. Vad annat än Romerska Katolska Kyrkans (RKK) enhetssträvanden med alla andra kyrkor och religioner, (ekumenik och synkretism), kan det vara fråga om?

18:5 **Hennes synder räcker ända upp till himlen** = syndamåttet är rågat, jämför 1 Mos 18:20f. + Jer 51:9
Gud har kommit ihåg hennes orättfärdiga gärningar = Uttrycket tyder på att det stora Babylon är en gammal organisation och företeelse, inte något som plötsligt uppstår under vedermödans 3½ år. Läs lite kyrkohistoria eller

profan/sekulär historia så stöter du genast på den stora skökans synder och orättfärdiga gärningar. För att inte tala om allt pedofilskandaler inom RKK!

18:7 Jag tronar som drottning = När påvekyrkan ännu en gång tycker sig sitta som herre på täppan enligt 17:3, talar hon vad hennes hjärta är fullt av: **jag sitter inte som änka** = jordens kungar horar med henne igen. **aldrig ska jag veta av någon sorg** = kanske lär Vatikanen då ut (för andra gången!) att 1000-års riket har börjat! Jes 47:7-9, Ords 16:18.

18:8 på en och samma dag = Antikrists lägers överraskningsanfall i 17:16.

18:9 jordens kungar ... bedrivit otukt och levt i vällust med henne = många länders överheters moraliska och andliga dekadens.

18:10 plötsligt har din dom kommit = medvetenhet om att Guds rättvisa dom har drabbat dem och inte någon slumpartad naturkatastrof eller olycka.

18:11 köpmännen på jorden gråter = Även näringslivet och affärsvärlden polariseras totalt: skökoälskare eller Jesusälskare.

18:13 livegna och trälar = *"kroppar och människosjälar"* i grundtexten. Handlar kanske om könshandel, barnprostitution och sexindustrins kidnappade slavar! Redan nu omsätter porrindustrin i USA, mer än vad USA:s musik och filmbransch gör tillsammans!

18:16 klädd i fint linne, purpur och scharlakan = 3 av påvekyrkans viktigaste och vanligaste färger vad gäller dess ämbetsdräkter. Påvarnas traditionella scharlakansröda dräkt har sedan Paulus VI ersatts med fredens, oskuldens och rättfärdighetens vita dräkt, jämför 19:8! Även inom New Age-rörelsen är det vanligt med helvita möteskläder.

18:17-19 alla skeppare och alla kustfarare och sjömän... blev rika genom hennes skatter = Hela världshandeln inkorporeras i den falska världsreligionens utövande och avlönande! Religion och allsköns "andlighet" kommer att helt överta ideologiers, politikens och kulturlivets roll, under dessa 3,5 år.

18:20 Gläd dig ...du himmel = 19:1-3a.
och ni apostlar och profeter = de sista kristna kommer att vara upprättade enligt NT:lig standard, d.v.s. i varje församling återfinns det *"först och*

främst några apostlar, för det andra några profeter, för det tredje några (bibel-) *lärare, vidare några som utför kraftgärningar, ytterligare några som har helbrägdagörelsens gåvor eller att ta sig an hjälplösa eller att vara styresmän eller att på olika sätt tala tungomål"*, 1 Kor 12:28. Ingenting mindre än det fyller måttet på en NT-lig kyrka. Jämför Ef 2:20.

18:21 en väldig ängel tog upp en sten, lik en stor kvarnsten och kastade den i havet och sa = en profetisk handling i tro och lydnad för en Guds befallning, som alltid åtföljs av en manifestering i den fysiska verkligheten av vad man gjort i tro. Jämför 2 Kon 13:15-19 + 25, Neh 5:13, Jer 32:6-15 + 25, 37-44, Hes 37:15-22.
Så ska Babylon, den stora staden med fart störtas ned och aldrig mer bli funnen = Jer 51:60-64.

18:23 du vars köpmän var stormän på jorden = monopoliseringen av bankväsendet, oljebolag, multinationella företag, industrin och världshandeln kommer att fullbordas med hast under Antikrists världsregering. Världsekonomoin kommer att utvecklas till en affärsmännens rikemansklubb och därmed en Mamon-diktatur med tech-jättarna i spetsen! Hes 28:16-18, Jes 23:8f. Tänk bara på Amazons Jeff Bezoz, Microsofts Bill Gates, Facebooks Marc Zuckerberg, Apples Tim Cook, Teslas Elon Musk, Googles/YouTubes Sundar Pichai och Twitters Jack Dorsey, till exempel!
genom din trolldom blev alla folk förvillade = redan nu pågår för fullt en ockult sammansmältning av religion-politik och ekonomi, genom t ex New Age-företagskurser, Bahai, TM, Vatikanens och Kyrkornas Världsråds religonsblandning.

18:24 ja, alla de människors blod som hade blivit slaktade på jorden = enligt den av Jesus uppenbarade gudomliga hämndens princip i Matt 23:35f, tillräknas Skökan och det stora Babylon direkt och indirekt, alla dessa människors blod som nämns.

KAPITEL 19

19:1-3 = svaret på uppmaningen i 18:20.
den stora skökan som fördärvade jorden genom sin otukt = Kyrkans enorma ansvar att *"kämpa för den tro som en gång för alla har blivit meddelad åt de heliga"*, Judas v.3b och att vara *"jordens salt och världens ljus"*, Matt 5:13f, avslöjas i all sin fruktansvärda nakenhet! All religionsblandning är andlig otukt som leder till jordens fördärvande, vilket

är det religionsblandarna säger sig vilja förhindra genom sin religionssynkretism! Anar vi *Lögnens fader* bakom denna listiga taktik? Jesus är det <u>sanna</u> vinträdet säger han själv i Joh 15:1, alltså finns det falska vinträd också! Jesus försäkrar oss också om att "*<u>ingen</u> kommer till Gud <u>utom</u> genom Honom*", Joh 14:6! Detta utesluter all form av erkännande av frälsningsmöjlighet via hednareligioner.

Han har utkrävt sina tjänares blod = judarna enligt 5 Mos 32:43.

röken från henne stiger upp i evigheternas evigheter = ordet rök står som symbol för Guds dom, enligt 15:8 text. Guds dom över Skökan ska kommas ihåg i hela evigheten, som medel till gudsfruktan, tacksamhet, trohet och sanning.

19:5 ni hans tjänare = frälsta judar.

ni som fruktar honom = frälsta hedningar, Apg 13:16, 26, 17:4. Se även 11:18 text. Jesu två fårahus (judar och hedningar) står samman under en och samme Gode Herde, enligt Johannes 10:16.

19:6 röster av en stor skara, likt bruset av stora vatten = alla frälsta hedningar.

dånet av kraftig åska = I Upp 14:2 används samma uttryck som i 19:6, bortsett från att det där endast talas om "*ett starkt tordön*", medan det i 19:6 talas om <u>flera</u> starka tordön/åska. Alltså finns det ett himmelskt åskdån för varje etnisk människogrupp. Jämför 19:12 text.

19:7 Lammets brud = består av alla som...

har gjort sig redo = att ha korsfäst sitt kött med alla dess begärelser och lustar, för enligt Matt 25:6-10 krävs det helgelse i den helige Andes kraft, för att Jesus ska vilja ha oss som brudesjälar. Lammets brud nämns som motsats till Skökan i 17--18.

19:8 blivit givet = "*nåd- och rättfärdighetsgåvan*", Rom 5:17, 3:21-26.
att ikläda sig = 2 Kor 5:1-5 + 1 Kor 15:51-55.
fint linne, skinande och rent = enligt uttydningen i samma vers är linnekläder symbolen för
de heligas rättfärdighet, som i sin tur är Herren Jesus Kristus själv, enligt Jeremia 23:6. Vi är <u>i</u> Kristus, grenar <u>i</u> det sanna vinträdet enligt Joh 15:1-5. Alla egna helgelseförsök och självrättfärdigande gärningar liknas vid *svett* inför Guds näsa enligt Hesekiel 44:18. Vinträdets grenar kan inte själva producera frukt, det gör trädet.

de heliga i denna vers är judekristna och hednakristna, som då är *"en hjord med en herde"* enligt Joh 10:16. Lammets brud i 19:7 är då färdigsammanställd av alla förståndiga jungfrur.

19:9 de som är bjudna till Lammets bröllopsmåltid = alla sanna Jesu lärjungar enligt Matt 9:14f. Johannes döparen benämner sig själv som Brudgummens vän och i klar motsats till Bruden i Joh 3:29. Även Abraham kallades Guds vän. Av det kan vi förstå att alla GT:s heliga är de som är bjudna till Lammets bröllopsmåltid för att fröjda sig över att Jesus äntligen fått sin länge efterlängtade Brud och Hustru.

19:10 Jesu vittnesbörd är profetians ande = all sann profetia, profetiskt tal och gärningar ska peka på Jesus som Vägen (ut ur hotet, problemet m.m.), som Sanningen (det enda som kan göra oss fria) och som Livet (allt annat liv än lärjungaskap hos Jesus är till sin innersta natur "syndens slaveri" Joh 8:34, Rom 6:16 + 2 Pet 2:19. Sann profetia ska också ge Honom äran, Joh 16:14.

19:11 himmelen öppen = Jes 25:7 d.v.s. demonskiktet i andevärlden (det osynliga i luften) togs bort i 16:17 och det blev fri sikt ända in i himmelen!
vit häst = inte samma som i 6:2, för här får vi veta ryttarens namn: **Trofast och Sann!**

19:12 ögon som eldslågor = 1:14, 2:18.
många kronor = *"diadema"* i gr text, till skillnad från *"stephanos"* i 6:2. Att det är många kungakronor som Jesus är krönt med kan åsyfta de 153 fiskar i Joh 21:11, som representerar de nationer som ska räknas som *"fårfolk"* i Matt 25:32f, till skillnad från *"getfolk"* vid nationernas dom efter Jesu återkomst. Fårnationerna kröner Jesus med en krona var, som tecken på att de frivilligt valt honom som Kung under 1000-årsriket. Jesus är då alla jordiska kungars Kung! Allt detta till skillnad från de 10 krönta hornen (kungarna) i 13:1 och 17:12 som tilltvingade sig världsstyre. Ang. tolkningen av de 153 fiskarna som nationer, se 2 Krön 2:17--3:1, 1 Krön 22:2, Ef 2:19-22 + 1 Petr 2:5.
ett namn där skrivet, jämför 2 Mos 39:30.
som ingen känner utom han själv = Jesu nya namn i 3:12?

19:13 mantel doppad i blod = Jes 63:1-4.
hans namn är Guds Ord = Joh 1:1f. Jesus är alltså Anden i Guds skrivna ord, Bibeln. Joh 6:63, 2 Kor 3:6.

19:14 **de himmelska härskarorna** = i vanliga fall Skriftens benämning på Guds heliga änglar, se 1 Kon 22:19, Luk 2:13-15, men i detta fall avses "*de kallade och utvalda och trogna som följer Lammet*" i 17:14, för de är **klädda i fint linne, vitt och rent**. De är obeväpnade, vilket tyder på att de är på sin "bröllopsresa"! De är oövervinneliga på grund av den "*Jesu uppståndelsekraft*" (Fil 3:10) som de reser i! Ef 1:19-23.

19:15 **skarpt svärd** = Guds ord enligt Hebr 4:12, Ef 6:17, 2 Tess 2:8.

19:16 **konungarnas Konung och herrarnas Herre** = Dan 2:21, Ords 21:1, Luk 1:52.

19:17 **Guds stora gästabud** = 14:19f, 16:14-16, 17:14, Guds heliga ängel samlar all världens rovfåglar och andra köttätande fåglar till detta Harmagedonkrig.

19:18 **äta kött** = Luk 17:26-37, Job 39:29-33.

19:19 = Psalm 2, denna tidsålder kommer att avslutas med en total polarisering av människor och samhälle på alla områden, tillbaka till den ursprungliga huvudmotsättningen bakom alla företeelser egentligen: för sanningen (Jesus) eller mot sanningen (Jesus). Allt står och faller med sanningen!

19:20 **vilddjuret gripet** = Dan 7:11
eldsjön som brann med svavel = "*den andra döden*" enligt 20:14, 21:14. Den första döden är den fysiska, kroppsliga döden. Den 2:a döden är den andliga döden, evig separation från Guds uppehållande nåd och kärlek. Därför finns det å andra sidan både en första uppståndelse (20:6, Luk 14:14, som frälser oss från den andra döden) och en andra uppståndelse (Upp 20:12f) för dem som ska dömas i enlighet med deras gärningar.

19:21 **de andra blev dräpta** = Sak 14:12f, 15, Jes 11:4b.
med ryttarens svärd, det som utgick från hans mun = Jesu uttalade ord har samma konstruktivt eller destruktivt verkande kraft som vid skapelsen i 1 Mos 1, + Hebr 11:3. Detta är Guds paradexempel på andlig krigföring. Se Hebr 1:3 angående kraften i Guds uttalade ord.

KAPITEL 20

20:1 **en ängel från himlen** = Gud behöver inte kämpa mot Satan, det gör hans stridsänglar. Vid 12:9 kastar de ned honom, och här i nästa vers, fängslar de honom. Gud och djävulen är inte på något sätt jämbördiga. Satan är en skapad varelse, Gud är till av evighet. Satan är sedan länge dömd av universums Gud. Domen verkställs inte förrän i 20:2 och 10, i två etapper. Under tiden tjänstgör den Onde som en *Guds bandhund* för att bl.a. fresta människan, för att hennes köttsliga fallna natur ska bli uppenbar för oss var och en och att vi därmed ska inse vårt absoluta behov av pånyttfödelse, så vi *"blir delaktiga av gudomlig natur"* som motvikt mot vår fallna natur enligt 2 Petr 1:4.

nyckeln till avgrunden = Jesu seger över döden, genom sin uppståndelse, gav honom makten och auktoriteten över dödsriket, avgrunden, 1:18.

stor kedja i sin hand = symbolen för total makt över all ondska i och med att den Onde kedjas fast nere i avgrunden.

20:2 **fängslade honom för 1000 år** = samma tidslängd som Jesus ska regera med sina martyrer och alla andra som även de har del i den första uppståndelsen.

20:3 **kastade honom i avgrunden** = Jes 14:1-21.

stängde igen = ett *"blylock"* som i Sak 5:8?

insegel över honom = ett uttalat domsord från Gud Allsmäktig att han ska hållas fängslad i 1000 år, en sorts "skapelseordning" som inte går att bryta mot.

inte mer förvilla folken = 2 Kor 11:14f, 1 Joh 5:9

förrän de 1000 åren gått till ända = alla de människor som föds under 1000-års riket måste också få sina frestelser, för att deras sanna hjärtelag ska exponeras, både inför Gud och dem själva. Därför släpps Frestaren (Matt 4:3) **lös för en liten tid**.

20:4 **troner stå där** = symbolen för domsmakt, Ps 9:5. Detta är domen över nationerna (folken) i Matt 25:31-46, som avgör vilka länder som ska bli delaktiga i Freds/fridsrikets välsignelser, respektive inte, beroende på hur nationerna förhållit sig till "*mina minsta bröder*" som i Matt 10:40-42 uttyds vara Jesu lärjungar, men även judarna naturligtvis enligt Joh 20:17 och Rom 8:29, Rom 9:3 samt Matt 12:49f.

de satte sig på dem = övervinnarna i 3:21, 2:26f, 1 Joh 5:4f

de som blivit halshuggna för Jesu vittnesbörds och Guds ords skull = 6:9.

fick regera med Kristus i 1000 år = 2:26, 2 Tim 2:12.

20:5 **de övriga döda** = de orättfärdiga i 20:12-15 och 21:8, 22:15.

den första uppståndelsen: detta är inte den allmänna uppståndelsen utan de rättfärdigas uppståndelse i Luk 14:14.

20:6 **salig** = äkta full lycka.

helig = avskild från "*denna tidsålders väsende*" Rom 12:2, och det Jesus menar med "*denna världen*". Separerad för Gud och hans rike. Därför har **den andra döden ingen makt över dem** = 2:11.

regera med honom de 1000 åren = himmelriket på jorden i full skala som beskrivs av nästan alla profetböcker, bl.a. i: **Psalm** 45--47, 68, 72, 87, 96--100, 102;16-23, 110, **Jesaja** 2:2-4, 4:2-6, 9:1-7, 11:1-16, 12:1-6, 19:16-25, 25:6-9, 26:1-4, 27:1-6,12f, 29:17-24, 30:19-26, 32:1-5,15,20, 54:1-17, 55:1-5,12f, 56:1-8, 60--62, 65:9-25, 66:10-13,18-24, **Jeremia** 3:16-19, 23:3-8, 31:1-40, 33:6-26 **Hesekiel** 20:40-44, 28:24-26, 34:23-31, 36:1-38, 37:24-28, **Daniel** 2:44, 7:13f, 18, 27, 12:3, **Hosea** 1:10f, 2:15-23, 3:5, 6:1-3, 11:10f, 14:6-9, **Joel** 2:21-29, 32, 3:17-21, **Amos** 9:11-15, **Obadja** 17-21, **Mika** 2:12f, 4:1-8, 5:4-7, 7:11-20, **Habackuk** 2:14, **Sefanja** 2:6f, 3:9-20, **Haggai** 2:7-10, **Sakarja** 2:10-13, 3:9b-10, 8:20-23, 9:8, 10, 10:10b, 14:8-11, 16-21, och **Malaki** 3:3f och 4:2.

20:7 **när de 1000 åren gått till ända** = var dag i skapelseveckan representeras av 1000 år av mänsklig historia, dag 1 - 6 = år 0 - 6000. Se 2 Petr 3:8, Luk 13:32 och Hosea 6:2. Från skapelsen till Kristi födelse är det 4000 år, + 2000 år e. Kr = 6000 år. Återstår den 7:e dagen i skapelseveckan då Herren Gud vilade, vilket motsvaras av 1000 år av frids/freds/sabbatsrike. Först därefter kommer evigheten! **Se illustrationen på nästa sida.**

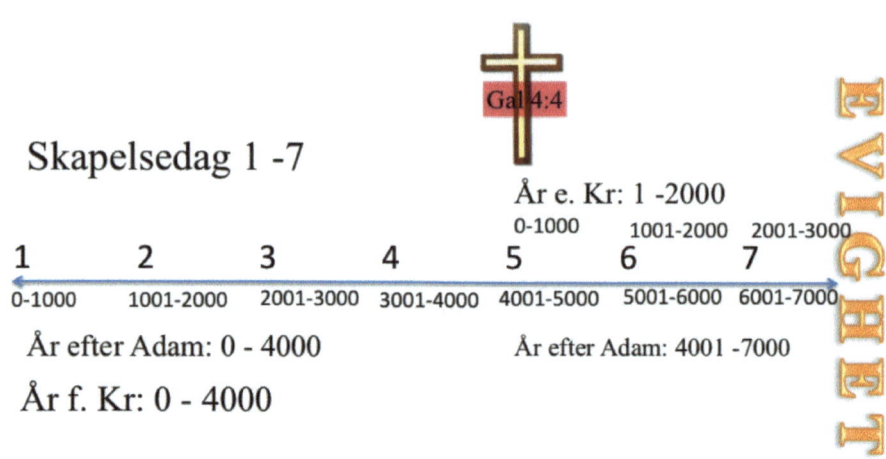

Men i övergången mellan 1000-årsriket och evigheten sker en luttring av dem som fötts under "dag 7". Därför släpps...
Satan lös ur sitt fängelse.

20:8 för att bedra folken = Fridsrikets barn har aldrig utsatts för frestelsernas valmöjligheter. De är inte pånyttfödda automatiskt, de har inga egna minnen och erfarenheter av en kamp *"till blods"* (Hebr 12:4) mot *"synd, kött, värld och djävul"*. Därför måste de prövas i sin lojalitet mot Jesus Kristus. Till det behövs en *Frestare*.
jordens fyra hörn = med detta uttryck menas inte att jorden skulle vara platt och fyrkantig, utan betyder: åt alla väderstreck.
Gog och Magog = betyder Topp/Ledare och Folk. Detta krig är inte det samma "Gog och Magog-krig" som i Hes 38--39. För enligt Hesekiel 39:29 ska Herren *"därefter icke mer fördölja sitt ansikte för dem, ty jag ska utgjuta min Ande över Israels hus, säger Herren HERREN."* Fram till tusenårsriket fördöljer Gud sitt ansikte för Israel, Rom 11:25, för att sedan under hela 1000-års riket utgjuta av sin Ande över Israel (Hes 36:26f). Perioden då Gud *"icke mer fördöljer sitt ansikte för dem"*, efter Hes 38-39:29, skiljer alltså de två Gog och Magog-krigen åt.

20:9 de heligas läger = **den älskade staden** = Jerusalem, Jes 2:2-4.

20:10 djävulen blev kastad i sjön av eld och svavel = den andra döden, Jesaja 27:1.

68

20:11 **honom som satt på tronen** = Jesus, 3:21, Joh 5:22, 27, Apg 10:42, 17:31.

himmel och jord flydde = 1000-årsriket slut, evigheten börjar, 2 Petr 3:12.

ingen plats blev funnen för dem = enligt Einstein förutsätter tid och rum varandra. Han menade att tiden är en fjärde dimension (längd, bredd, djup och tid/rum). Vid 1000-årsrikets slut, upphör tidens dimension och därför finns "*ingen plats för jorden och himmelen*" mer. Tiden som dimension började vid skapelsens morgon, vilket Bibeln återger med "*I begynnelsen skapade Gud himmel och jord*". Det vill säga: I begynnelsen av tidens dimension, skapade Gud himmel och jord. Se illustration vid 13:8 på sid 46.

20:12 **de döda stå inför tronen** = den andra, allmänna, uppståndelsen, Daniel 7:9f.

böcker öppnades = gärningarnas himmelska verifikat. Alla kommer att få sin rättvisa dom p.g.a. Guds rättvisa-, sanna- och allvetande karaktär, utan anseende till personen, 2 Krön 16:9a, 19:7. De ogudaktigas och syndigas samtliga tankar, ord och gärningar uppenbaras till överbevisning om synd, brist på rättfärdighet och Guds rättvisa dom. Näradöden upplevelser bekräftar att allt vad de sagt och gjort, finns bevarat i den andliga dimensionen. Se min artikel *Himlakul* via denna länk:

www.olofamkoff.se/bibelstudier_html/himlakul.html

20:13 = Joh 5:27-29. Bevisligen olika grader i helvetet enligt Matt 10:15, 11:22-24, Luk 12:47f 20:47. Vers 11-13 = den yttersta domens dag.

20:14 = 1 Kor 15:26, 54f + Upp 21:8.

20:15 **Om någon inte fanns skriven i livets bok** = Formuleringen antyder att somliga bland de i den andra uppståndelsen, kan vara skrivna i livets bok! T.ex. de som aldrig hört (eller hört men inte förstått) evangelium, men vinnlagt sig om att följa samvetets röst och det ljus man haft, Rom 2:13-16. Även de som älskat sanning i sina liv men aldrig hört en predikan om Sanningen (Jesus) blir frälsta. Det handlar om den *"minnesbok som blir skriven inför Honom"* i Malaki 3:16.

kastad i den brinnande sjön = enligt Matt 12:37 döms vi efter våra egna ord. Gud dömer egentligen ingen till helvetet, det gör människor själv genom sin vägran att ta emot Guds uträckta nådeshand under hela sin livstid, Hebr 2:3f. Detta fastän Guds existens och godhets karaktär är fullt synliga i

69

skapelsen enligt Rom 1:19-22. Synden straffar sig själv, brukar man säga, det stämmer enligt Ords 5:22f.

Fastän *"Gud vill att alla ska bli frälsta och komma till kunskap om sanningen"* (1 Tim 2:4) kan Han inte våldföra sig på människans fria vilja och tvångsfrälsa henne. För att kunna bli sant älskad av människan, gav Gud oss fri vilja. Men då riskerade Han att också bli hatad, eller negligerad, vilket är fallet med de flesta i 20:15. Var och en som håller sig för god för att utan självrättfärdiggörande meritlista, ta emot det eviga livets gåva, (Hebr 2:1-3, Rom 6:23), kan bara separeras från Gud under den slutlösa evigheten. Inför Gud ska ingen kunna berömma sig av sin präktighet och självfrälsning. Matt 18:12, 13:41f, 24:50f, 25:41, 46.

KAPITEL 21

21:1 en ny himmel och en ny jord = det profetiska bildspråket i Skriften är ofta dubbelbottnat och mångfasetterat. Här talas om en ny jord, efter det att tusenårsriket behandlats. Då kan man tro att alla bibelställen som talar om nya himlar och jord, avser evigheten. Men det stämmer inte alltid eftersom i Jes 65:17-25 talas det om nya himlar och jord, men ändå att synd, död och förbannelse ska finnas enligt v 20. Alltså är det fråga om avsiktlig "dubbelexponering". Men i denna vers avses evigheten, för det står att...
den förra himmelen och jorden var förgången och havet fanns inte mer = 2 Petr 3:7,12f, Matt 19:28a, Jes 66:22.

21:2 ett nytt Jerusalem = brudeförsamlingens nya hemort och hem, *"Guds boning i Anden"* i Ef 2:22, till skillnad från det gamla Jerusalem med tusenårsrikets tempel i sig enligt Hesekiel kapitel 40--48. 1000-årsrikets "nya" jord, har Israels 4:e tempel, men evighetens Nya Jord har inget tempel i sitt Jerusalem, enligt 21:22, för *"Herren Gud Allsmäktig och Lammet är dess tempel."*
färdigsmyckad såsom en brud = GT:s och NT:s heliga övervinnare.
prydd för sin brudgum = tiden som pånyttfödd kristen, resp. troende jude, handlar om att bli avklädd allt som skymmer rättfärdighetens klädnad (19:8). Jesus längtar nämligen som den Man Han är och Brudgum, att få se sin Brud "naken", d.v.s. endast iförd rättfärdighetens klädnad, lite på samma sätt som Adam och Eva var nakna. Därför tuktar Han oss redan nu till avklädande av syndens trasor, köttets paltor och världens väsendes "smycken". Tiden som brudesjäl nu och under 1000-års riket handlar om att pryda det *"fina linnet"* med *"guld, silver och dyrbara stenar"* (1 Kor 3:12), så att Bruden matchar

70

Brudgummens skönhet, 1:13-16, Ps 45. Guldet = *"fullkomnad tro"* enligt 2 Petr 1:7 + Jak 2:22. Silver = insikt i Guds ords andliga sanningar, Ps 12:7, att själv ha ett *"tal som är likt silver, luttrat 7 gånger"*, Ords 10:20, samt att stå med båda fötterna på Ordets grund, 2 Mos 26:19. Dyrbara stenar = Andens frukt, Kristi sinnelag. Ädelstenar bildas under tryck, i det fördolda, under lång tid. Likadant är det med att förvandlas till "*Guds Sons avbilder*" till karaktären, enligt Rom 8:29.

21:3 Gud själv ska vara hos dem = Guds namn Emanuel (Gud med oss) bevisas i praktiken, Hes 37:26-28.

21:4 = Jes 25:6-9, 35:10, 1 Kor 15:26,54 Upp 7:15-17.

21:5 = Jes 43:19-21, 2 Kor 5:17.

21:6 = Jes 12:3, 44:3-6, Joh 7:37-39.

21:7 Löftet till Israel om att få vara hans folk, kollektivt, i Jeremia 31:33, utvidgas här till alla segervinnande hednakristna, på ett individuellt sätt.

21:8 Enligt 22:15 handlar det om människor "*som älskar att göra lögn*", eller som i denna vers, de som älskar att vara det som nämns. Människor bortom gränsen för att ens vilja ändra sitt sinnelag eller gärningsmönster. Deras innersta karaktär är det som uppräknas i versen.
de fega = rädda för försakelser, kamp och människors omdömen/människofruktan i stället för Gudsfruktan, Luk 9:26, Matt 10:33, 2 Tim 1:7.
otrogna = de vill inte tro Guds ord.
de som har gjort vad styggeligt är = sexuella perversioner, 3 Mos 18:22 och 20:13, men även blodtörst m.m.

21:9 Lammets hustru = Det Nya Jerusalem enligt 21:2.

21:10 stort högt berg = Sions berg, Mika 4:1, Jes 2:2f.

21:11 kristallklar jaspis = allt köttsligt, världsligt slagg är då bortluttrat.

21:12 12 portar med namnen på Israels barns tolv stammar = pärleportar enligt 21:21. Jämför Hes 48:30-35. Det slutliga beviset för att Gud INTE har förkastat Israel, eller bytt ut henne mot Kyrkan, så kallad ersättningsteologi!

71

21:14 **12 grundstenar** = ädelstenar enligt 21:19. Sammantaget handlar portarna och grundstenarna om vad som sägs i Matt 19:28 + Ef 2:20.

21:15 = Hes 40:3. Sak 2:1f.

21:16 Staden är kubformad, liksom tabernaklets och templets allra heligaste var det. Omräknat i mil blir måtten 222 mil på varje sida av kuben! Volymen, innehållet i stadens kub blir 11 miljoner mil^3 och stadens yta blir 5 miljoner km^2, d.v.s. samma yta som Kanadas halva storlek! Det stämmer bra med Israels fana som symboliserar att Davids stjärna ska täcka ytan mellan de två blå floderna på Israels båda sidor: Egyptens bäck (delar Sinaihalvön i mitten) och Eufrat.

21:17 **144 alnar** = 72 meter hög stadsmur!

21:18 **rent guld** = Staden, brudesjälarna liknas vid den metall som förknippas med Gud genom hela Skriften, 2 Mos 25:10-22. Eftersom Brudens tro nu har bytts till åskådning, 2 Kor 5:7, ändras betydelsen av symbolen guld, från fullkomnad tro, till "*Herrens avbilder*", 2 Kor 3:18, 1 Kor 13:10-13, d.v.s. Kärlek, se 1 Joh 3:2, 4:8.

21:19 = Jes 54:11f

21:21 **de 12 portarna utgjordes av 12 pärlor** = pärlor uppkommer i ostronets innandöme när ett sandkorn eller något annat hårt skadar ostronets kropp. Då avsöndrar ostronet en saliv som omsluter det främmande elementet och en pärla är på gång! Likadant är det endast de som genomgått ett visst mått av lidande och övervunnit det med uthållig bön och tro som kan uppvisa något gudomligt vackert i sig. I 21:12 nämns att över varje port stod Israels barns 12 stammars namn skrivna. Alltså är varje pärleport en öppning in till det Nya Jerusalem i enlighet med vilken kallelse, tro, grad av helgelse samt mått av fruktbärande var och en kan uppvisa, som vi fördelas upp efter, så att vi går in i den pärleport, den stam av Israel, som mest liknar vårt liv.
Stadens gata var av rent guld = Kärlekens väg, m. a. o. Jes 60:18. Men guld står även för konungslighet och gudomlighet. All bristfällig mänsklig natur är då borta. Vi har endast vår nya identitet, som är att vara Kristuslika, enligt Rom 8:29-30.

21:22 **Intet tempel, ty Herren Gud och Lammet är stadens tempel** = alla symboler och förebilder i GT:s tempeltjänst och NT:s lära är då uppenbarade som verkligheter hos Guds karaktär.

21:24 **folken vandra i dess ljus** = Jes 60:3
jordens kungar för dit in vad härligt de har = förstlingsfrukterna av alla jordens frälsta nationers folks arbete med jorden, hantverk, konst, forskning, musik och förädling m.m. Jes 60:5-12, Ps 72:10, 68:30, 45:13.

21:25 = Jes 60:11, 20.

21:26 = Jes 66:12.

21:27 **aldrig någonsin ska något orent komma dit in** = stadsmuren som är 72 meter hög och varje sida som är 222 mil lång, (vilken i praktiken är Jesu 12 apostlar, ej som dödliga människor utan som "*levande stenar*" enligt 1 Petr 2:5), sörjer för vilka som kan komma in i "*den heliga staden Jerusalem*", 21:10, för de är domare enligt Matt 19:28, Jes 35:8, 52:1, Upp 22:15.

KAPITEL 22

22:1 **en ström av levande vatten, klar som kristall** = helig Ande manifesterad, Ps 46:5, Hes 47:1, Joh 7:37-39.

22:2 **flöt fram, mitt igenom stadens gata...livsträd** = Hes 47:7-12.
12 skördar per år = "*skapelsens trängtan efter Guds barns uppenbarelse*", Rom 8:19, är då uppfylld, därför är den "*frigjord ifrån sin träldom under förgängelsen och kommen till den frihet som tillhör Guds barns härlighet*", Rom 8:21.

22:4 Guds och Lammets tjänare **ska se hans ansikte** = 1 Kor 13:10, 12, Ps 17:15, 1 Joh 3:2, Ps 11:7, 23:6, 41:13.
hans namn ska stå tecknat på deras pannor = den underpant, förskott vi nu fått av det eviga livet, betalas då ut i dess helhet, bl.a. genom att hela vårt väsende, då är i form av andliga kroppar, 1 Kor 15:44, vilka kan behaga Gud till den milda grad att Han manifesterar sitt frälsningsingripande i våra liv, med att skriva sitt eget Namn på våra pannor. M.a.o. alla våra tankar kommer då att vara helt och hållet cirkulerande kring Gud och Lammet. 3:12, 14:1.

22:7 Salig är den som tar vara på denna profetias ord = För andra gången i Uppenbarelseboken försäkrar alltså Gud oss att det medför en speciell välsignelse att läsa och studera hela denna uppenbarelse, 1:3, 3:11.

Med Bibelns profetior som karta + tidens tecken som kompass, orienterar du dig rätt i ändens tid!

22:9 Ängladyrkan, liksom helgondyrkan (katolsk form av polyteism) och Mariadyrkan (är Gud 4-enig?) borde inte förekomma inom den kristna kyrkan, när sådana tydliga verser som denna finns i Bibeln!

22:11 Må den som är orättfärdig fortsätta att öva orättfärdighet, och den som är oren att orena sig = en sista undervisning om Guds sätt att frälsa människan via hennes fria viljas beslut och konsekvenser därav. Jämför den förlorade sonens successivt ökade orättfärdighet och orenhet som ledde till syndamättnad, vilket ledde till syndainsikt och till rättfärdighetslängtan - omvändelse - syndabekännelse – förlåtelse, försoning och frälsning. Detta som kontrast till mångas tjat om att *"Du måste bli frälst nu, idag! Du vet inte när du ska dö!"* o.s.v. Vi vet inte när någon ska dö, men Gud vet det, exakt på dagen, Psalm 139:16, Lukas 12:20. Han hinner med att överbevisa varje individ om *"synd, rättfärdighet och dom"*, Joh 16:8, innan de dör. Vi ska inte i vår fromhetsiver hindra människor från att *"fortsätta öva orättfärdighet och orena sig"*. Sådana som bekänt en tro på Jesus utan att först blivit spyfärdigt mätt på världen, synd och "köttet", kommer förr eller senare att längta tillbaka till det som de aldrig hann bli mätt på. Jämför 2 Petr

2:1-22, speciellt v.22. Istället för att hindra syndaren i sin orenhet, ska vi be för denne under tiden till överbevisning om "*synd och rättfärdighet och dom*", samtidigt som vi tillämpar den andra hälften av versen vi behandlar, d.v.s. motvikten till ökningen av orenhet och orättfärdighet:
den som är rättfärdig, han må fortsätta att utöva sin rättfärdighet och den som är helig att helga sig. Detta som ett ljusets vittnesbörd för dem som vandrar längre och längre bort i orenhetens och orättfärdighetens mörker, så de kan se var frälsningens utgång finns och som en kontrast till deras egna liv.

22:12 lön för att vedergälla var och en eftersom hans gärningar är = både välsignelselön och bestraffningslön, Jes. 44:10, Rom 14:12, 1 Kor 3:8-15, Ords. 24:12, Rom 2:5-16.

22:14 = 7:14, 1 Joh 1:7-9.

22:15 hundar = kvinnor och män som invigt sig till hednisk tempelprostitution till sin guds ära, s.k. tempeltärnor och tempelbolare, 5 Mos 23:17f.
trollkarlar = ockulta andebesvärjare, 2 Mos 7:11, 22:18, 3 Mos 20:27, 5 Mos 18:9-14, Dan 2:2, Mal 3:5, Apg 13:6-12.
de måste stanna därutanför = dessa syndare lever inte vidare utanför *Det Nya Jerusalem*. Versen menar att sådana människor omöjligt kan bli delaktiga av evigt liv.
otuktiga = de som till sin innersta karaktär endast ger gensvar på otukt (grundtext "porneia"), d.v.s. utomäktenskapliga- eller föräktenskapliga sexuella förbindelser.
alla som älskar att göra lögn = de som "*inte gett kärleken till sanningen rum, så att de kan bli frälsta*" enligt. 2 Tess 2:10.

22:16 Jag är telningen från Davids rot = Jesus är sann människa till 100 %,
Jag är den klara morgonstjärnan = Jesus är sann Gud, till 100 %,
2 Petr 1:19. Morgonstjärnan förebådar den nya dagen där "*rättfärdighetens sol går upp med läkedom under sina vingar*", Mal 4:2.

22:17 Anden och Bruden säger: Kom! = Andens maningar till brudesjälsrenhet och längtan efter Brudgummen, får endast gensvar hos de 5 förståndiga jungfrurna i Matt 25:10, som har Anden kärlek till Jesus.

75

Och den som hör det, han må säga: Kom = de 5 oförståndiga jungfrurna hör det 1:a "Kom", inser sin belägenhet och det profetiska klockslaget, går bort och köper sig olja av Anden, enligt Matt 25:9, och börjar sedan, men för sent, att säga <u>sitt</u>: Kom! i 25:11. Brudens "Kom" hörs även av...
den som törstar som en invit till att...
få komma om han bara vill, och ta livets vatten fritt och för intet, Jesaja 55:1f.

22:18 Om någon lägger något till de profetians ord som står i denna bok = I och med att hela Bibeln är en judisk bok, skriven av judar för att läsas av judar i första hand, är varningen riktad mot det som Jesus kritiserade de skriftlärda och fariseerna för, nämligen att lägga till Fädernas stadgar till Mose lag. I Matteus 15:6 säger Jesus *"Ni upphäver Guds ord för era stadgars skull."* Men här passar även Mormons bok och påvekyrkans "heliga tradition" in, som i praktiken sätts högre i auktoritet än Ordet när det måste väljas mellan vad Bibeln säger och vad traditionen lär. Även katolska kyrkans och Bibel 2000:s tillägg av GT:s apokryfiska böcker, som "kanonisk skrift", d.v.s. rättesnöre, faller under denna vers. Ords 30:6.

22:19 Om någon tar bort något från de ord som står i denna bok = liberalteologin och bibelkritiken har tagit bort den helige Andes inspiration av hela Bibeln. Enligt professor Bertil Albrektsson, frimurare och ordförande i statliga bibelkommissionen som översatte NT 81 och Bibel 2000, är Bibeln grundad på "<u>sagomotiv av främmande ursprung med underhållande syfte, sägner och legender med i många fall obefintlig historisk kärna.</u>" Endast en skökokyrka håller sig med sådana sakramentsförvaltare! Han kom 2006 ut som ateist!

Thomas Jefferson, USA:s president och författare till USA:s självständighetsdeklaration, gav 1890 ut ett eget "Nya Testamentet" på Kongressens förlag till alla Senatens och Representanthusets ledamöter. I den 46 sidor korta boken (!), är alla Jesu under och tecken bortklippta, liksom alla berättelser med övernaturliga inslag, samt allt som har med Jesu gudomlighet, Jesu uppståndelse samt med den helige Ande att göra. Även "lilla Bibeln" (Joh 3:16) ratade han. Frimurare och deist som han var, lyckades han ge en sådan hädisk och andefattig kost åt landets överhet! Se Christianity Today, 17/6 1983, sid 17-19. Denna draksådd skördar USA frukten av nu. Denna vers är också tillämpbar på den s.k. ersättningsteologin, som säger att Israel och judarna inte har någon plats längre i Guds handlande med världen, och att Kyrkan har tagit över alla löften till Israel. (Domsorden låter man däremot gärna Israel vara delaktig av fortfarande, inkonsekvent nog!)

Ett mindre känt exempel på denna ersättningsteologi är den "bibel" som Hitler lät trycka. Julen 1940 kunde man i Tyskland läsa ett nytt och mera "ariskt" julevangelium, där Nya testamentets judiska ursprung tvättats bort och anpassats till landets rasideologi. Berättelsen om Jesu födelse och hans första åtta dagar inleder boken "Guds budskap", den sällsamma bibelutgåva som kanske var det tydligaste tecknet på att nazistisk och antisemitisk ideologi inte bara nått ut på torgen utan också in i kyrkbänken. I målsättningen att "förtyska" evangeliet har allt som påminner om Nya testamentets ovedersägliga judiska rötter tagits bort. Med säker fingertoppskänsla för vilka strängar man skulle spela på hos den lutherska allmänheten presenterade man projektet som ett slags uppföljare till Martin Luthers bibelöversättning 1522. Läs artikeln via denna länk: **www.aftonbladet.se/nyheter/a/a2lg84/har-ar-hitlers-budord**

Anders Gerdmar har skrivit en artikel om denna Hitlers julgåva till det tyska folket, publicerad i Dagens Nyheter 2003 i en nu låst artikel, men på nästa sidor kan du läsa den, med hans tillåtelse för denna bok.

Kulturdebatt. **Ett nytt evangelium**

PUBLICERAD 2003-12-21
Detta är en opinionstext i Dagens Nyheter. Skribenten svarar för åsikter i artikeln.

Läs senare

När julen 1940 kom till krigets Tyskland kunde man i kyrka och hem läsa ett nytt julevangelium, präglat av det nya Tysklands ideologi. Berättelsen om Jesu födelse och hans första åtta dagar inleder "Guds budskap", den sällsamma bibelutgåva som kanske var det tydligaste tecknet på att nazistisk och antisemitisk ideologi inte bara nått ut på torgen utan också in i kyrkbänken. I målsättningen att "förtyska" evangeliet har allt som påminner om Nya testamentets ovedersägliga judiska rötter tvättats bort. Med säker fingertoppskänsla för vilka strängar man skulle spela på hos den lutherska allmänheten presenterar man projektet som ett slags uppföljare till Martin Luthers bibelöversättning 1522. Nu betyder emellertid förtyska något annat än för Luther, inte bara att översätta utan att omforma Bibeln så att den passar in i det nya Tysklands rasideologi. I ett sådant Tyskland behövde de främst ideologiskapande krafterna mobiliseras och hjälpa till att legitimera en rasistisk politik.

Hitler visste långt före maktövertagandet att han i det djupt protestantiska Tyskland behövde stöd och legitimation från teologer och kyrkomän. Han visade personligt intresse för 1870-talets store kyrkoman tillika antisemitiske ideolog hovpredikanten Adolf Stoecker, som hyllades som en föregångare till den rasistiska antisemitismen. Hitler blev bönhörd och kunde redan vid 1933 års genombrott räkna flera prominenta teologiska professorer till Tysklands nationalsocialistiska arbetarparti NSDAP. Främst av dessa var den världsledande bibelforskaren och judendomsexperten Gerhard Kittel (1888-1948), son till den ännu mer berömde Rudolf Kittel. Kittel skrev samma år "Die Judenfrage", där han med teologiska argument pläderar för en apartheidpolitik genom vilken judarna får erfara det främlingskap som Gud dömt dem till.

Den som gick längst i sin teologiskt motiverade antisemitism var Kittels lärjunge Walter Grundmann, som 1930 gick med i NSDAP och den 1 april 1934 blev medlem nummer 1032691 i stödförbundet för SS och tillhörde den nya kyrkliga rörelsen Deutsche Christen. Grundmann var liksom Kittel professor i Nya testamentet och blev den kanske främste pionjären för en nazistisk kristendom. Trettiotre år gammal startar han tillsammans med ledande teologer Institutet för studiet och utrotandet av de judiska inflytandet på det tyska kyrkliga livet i Eisenach. Institutet grundades på slottet Wartburg där Martin Luther en gång vann sitt teologiska genombrott - en plats vald i fullt medvetande om dess symboliska betydelse. Institutet tycks ha fått stort genomslag. Vid 1940 års konferens i Wittenberg samlades 600 teologer och kyrkomän, inklusive bland andra nordiska deltagare, och vid liknande konferenser medverkade bland andra den lundensiske professorn Hugo Odeberg och andra svenska teologer och humanister.

Den nazistiska folkbibeln var ett av de projekt som skulle främja en kristendom befriad från det judiska inflytandet, tillsammans med en katekes och en ny psalmbok "Großer Gott, Wir Loben Dich". Den senare var avjudaiserad: det hebreiska ordet Halleluja, orden Sion och Jerusalem togs bort. Detta försiggick inte i det fördolda; på kort tid distribuerades mer än 105.000 förbeställda exemplar. Det var krig, och bibeln producerades som ett fält- och folktestamente. För en första upplaga angav man 200.000, och den första upplagan av den kompletta versionen var 90.000.

Det första steget i avjudaiseringen är att "Guds budskap" utelämnar Gamla testamentet helt. I dess ställe förbereddes en samling tyska andliga texter för att "undvika gammaltestamentliga gestalter" och helgon som är främmande för folket. Bibeln består av ett starkt ideologiskt präglat urval i form av en bibelharmoni av Nya testamentet, lett av Grundmann som själv var internationellt erkänd som bibelforskare.

Hur bibeln inleds är också betecknande. Alla andra bibelutgåvor inleder Nya testamentet med Matteusevangeliet och dess klart judiska ansats: "Släkttavla för Jesus Kristus, son av David, som var son av Abraham", varpå följer en judisk (!) släkttavla, med den judiske kung David som strukturerande princip. Matteusevangeliet misstänktes för att vara redigerat av den "judekristna" församlingen och att ha förstärkt den judiska dimensionen. Den nazistiska bibeln börjar med julevangeliet i Lukas version. Avsnitt med judisk prägel lyftes ut, eller så tar man bort enstaka ord för att avjudaisera.

Josef färdas inte längre som Lutherbibeln säger "till det judiska landet, till David stad", han är inte längre "av Davids hus och släkt". I änglarnas lovsång "Ära vare Gud i höjden" har man tagit bort frasen "i Davids stad", och därmed hela det stora tankesammanhang som knyter Jesus som judarnas Messias till Davids stad Betlehem. En judisk mottagare av Lukas berättelse såg direkt den messianska kopplingen, liksom utgivarna av "Guds budskap". Men för Grundmann var inte Jesus ens jude. I en avhandling samma år som "Guds budskap" försöker han bevisa att Maria inte var judinna och att Josef, som han menar var Jesu jordiske far, inte blodsmässigt var jude utan "galileisk". Enligt Grundmann var denna provins etniskt sett ett ickejudiskt område. De österländska stjärntydarna kommer inte till Jerusalem och frågar inte: "Var finns judarnas nyfödde kung?" (Matt 2:2).

När det blir dags för Jesu omskärelse på den åttonde dagen - för övrigt ett memento för krafter som vill frånkänna svenska judar rätten till omskärelse - har templet strukits, judendomens främsta helgedom. Omskärelsen nämns inte, bara att barnet bars fram. Inte heller finns Marias "rening enligt Mose lag" med. Magnificat (Marias lovsång) har strukits, Simeons lovsång avjudaiserats och Sakarias lovsång har reducerats till några få politiskt korrekta strofer. Sångerna är ju alla knutna till Abraham, Israel och David. Dessutom visste dessa lärda män att hymnerna i fråga har en tydligt semitisk språkdräkt. Bibliska texter med sådana nedslag i europeisk kultur som Rembrandts bilder eller de stora tonsättarnas Magnificat stryks med några penndrag.

En ödesmättad krigsretorik präglar bibeln; en bibelutgåva är ju inte bara texten utan inledningar, avsnittsindelningar, underrubriker. Den är daterad "I den avgörande tyska kampens år 1940". Med en huvudrubrik som Sein Kampf klingar ganska tydligt "Mein Kampf" och det finns andra likheter mellan "Guds budskap" och Hitlers "bibel". Der Sieg des Lebens, Livets seger, talar nog inte bara om uppståndelsen utan också om den Sieg som var ett av dagens kodord. Och det är inte hela världen som ska skattskrivas som hos Lukas, utan hela Riket, kanske ett utslag av avskyn mot en internationalism som förbands med judarna. Det folk - Volk, ett annat laddat kodord - som nämns oftare här än i den grekiska förlagan är inte längre det judiska utan snarare det tyska. Ordet judar behålls bara när det är negativt, när Jesus disputerar med andra judiska lärde och när uttryck kan tolkas till nackdel för judarna. Den oerhört effektiva antijudiska propaganda som pågått i tiotalet år torde innebära att dagspolitikens laddade bruk av ordet jude klingar med när det används i "Guds budskap". Och det starkaste stödet för kristendomens judiska rötter, "frälsningen kommer från judarna" (Joh 4:22) har förklarats som oäkta och förekommer alltså inte i "Guds budskap".

Att studera hur kolleger i samma forskningstradition använde sina eminenta kunskaper i Nya testamentet, judendomen och det grekiska språket, men ställde detta i en totalitär regims tjänst har inte bara historiskt intresse. Det väcker frågor om både vetenskapens och teologins uppdrag och roll i samhället: är forskarskråets och teologers produkter salt eller spegel? Det tysta trycket att vara politiskt och akademiskt korrekt, eller kanske till och med som här, att leva i symbios med den politiska makten finns nog kvar, från antiken till nutid, om än i helt andra dimensioner. I "Guds budskap" resulterar det i en teologiskt motiverad urkundsförfalskning, formad i en den politiska agendans Prokrustessäng.

Men Julevangeliets budskap var och är i stället ett om Jesus som frälsare för allt folket, juden först, därefter greken.

Följdriktigt hörs inget ramaskri över slaktade judiska barn i "Guds budskap" - kanske blev det för magstarkt efter kristallnatten, och medan godsfinkor med judiska familjer rullade österut mot Auschwitz. Den avjudaiserande bibelutgåvan bidrog till legitimeringen av SS-truppernas insatser. Men det oförfalskade Julevangeliets fasthållande vid att Jesus är av Jesse rot och stam och att skottet växer från stammen av den judiska davidiska dynastin är ett memento för europeisk kristenhet och kultur på tröskeln till 2004, drygt 70 år efter den nazistiska raspolitikens genombrott.

Anders Gerdmar

22:20 **Ja, jag kommer snart** = Jesu egen försäkran att han ska komma tillbaka!

22:21 **Jesu nåd** = oförtjänt godhet från Gud till oss genom Jesus, Jes 43:25, Mika 7:18, Ps 103.

Olof Amkoff
olofamkoff@bredband2.com
073-1822678

Bonussidor

För att bringa så mycket klarhet som möjligt för alla som har frågor om vedermödan, uppryckandet, Antikrists framträdande, 3:e Templet, de 2 vittnena, med mera så har jag här lagt in några illustrationer av profetieforskaren *Bill Salus* med tillåtelse från hans *Prophecy Depot Ministries*, som tydligt ger en bild på hur den profetiska och eskatologiska kronologin <u>kan</u> vara. Pröva allt.

Tribulation Prophecies of the First Half

G A P

- Israel Buries The Magog Invaders
- Israel Burns Magog Invaders Weapons
- Signs And Lying Wonders
- Harlot Religion Of "Mystery Babylon"
- 144,000 Hebrew Evangelists
- Worldwide Christian Revival
- Christian Martyrdom By The Harlot
- Third Jewish Temple
- The Two Witnesses
- Seal judgments
- Trumpet Judgments
- Unholy Harlot And Antichrist Alliance
- The Ten Kings

Second Half of the Trib-Period "Great Tribulation"

False Covenant Confirmed

3.5 Years
1260 Days
42 Months

Midpoint

3.5 Years
1260 Days
42 Months

82

Prophecies at the Midpoint of Tribulation Period

First Half of the Trib-Period	• The Little Bittersweet Book • Death And Resurrection Of Antichrist • Desolation Of Harlot • Death Of The Two Witnesses • Abomination Of Desolation • The False Prophet • (666) Image And Mark Of The Beast • War In Heaven – Satan Cast To Earth • Persecution Of Jews • 7th Trumpet Sounds The 3rd Woe	Second Half of the Trib-Period "Great Tribulation"
3.5 Years 1260 Days 42 Months	**Midpoint**	3.5 Years 1260 Days 42 Months

Tribulation Prophecies of the Second Half

Midpoint   Endpoint

First Half of the Trib-Period	• The "Woman In The Wilderness" • The 7 Bowl Judgments • The 8 Stages Of Armageddon Campaign 1. The Antichrist Assembles His Allies 2. The Destruction Of Commercial Babylon 3. The Fall Of Jerusalem 4. The Antichrist Armies At Petra (Jordan) 5. The National Regeneration of Israel 6. The Second Coming Of Jesus Christ 7. The Battle At The Valley Of Jehoshaphat 8. Christ's Ascent Up The Mount of Olives	75 Day Interval
3.5 Years 1260 Days 42 Months	3.5 Years 1260 Days 42 Months	

The Seventy Five Day Interval Period

	Midpoint	Endpoint	
First Half of the Trib-Period	Second Half of the Trib-Period	• Antichrist & False Prophet Cast Into Lake Of Fire • Satan Bound For 1000 Years into Bottomless Pit • Sheep And Goat Gentile Judgment • The First Resurrection • The Resurrection Of Old Testament Saints • The Resurrection Of The Tribulation Saints • The Marriage Supper Of The Lamb	
3.5 Years 1260 Days 42 Months	3.5 Years 1260 Days 42 Months	←——— 75 Day Interval ———→	

En annan bok som kan hjälpa dig att få rätt ordning och struktur på Bibelns undervisning om denna tidsålders avslutning med alla dess händelser, är Dan Johanssons bok: *"Framtiden förutsagd, Profetisk kronologi, ett försök att få profetorden om den yttersta tiden i rätt tidsföljd, Tidsaxel."*

Dans tidsaxel på sid 88 och 89 i boken är väldigt tydlig och lättförståelig. Missa inte den!

"Förakta inte profetior, men pröva allt, behåll det goda."

1 Tess 5:20.